Hans-Joachim Veen u.a.

Eine Jugend in Deutschland?

Hans-Joachim Veen u.a.

Eine Jugend in Deutschland?

Orientierungen und Verhaltensweisen der Jugend in Ost und West

Co-Autoren:

Walter Jaide
Barbara Hille
Walter Friedrich
Peter Förster

Redaktion: Elisabeth Enders

Leske + Budrich, Opladen 1994

ISBN: 3-8100-1213-0

Satz: Werkstatt für Typografie, Offenbach
Druck und Verarbeitung: Druck Partner Rübelmann, Hemsbach

Printed in Germany

Inhalt

Kapitel I

Einleitung: Annäherung oder Auseinanderdriften?

Hans-Joachim Veen

Als wir knapp ein Jahr nach der deutschen Vereinigung mit einer breitangelegten repräsentativen Umfrage unter rund 5.000 jungen Deutschen zwischen 15 und 25 Jahren in Ost und West ins Feld gingen, war die erste Euphorie mit hochgespannten Erwartungen einer raschen Angleichung der Lebensverhältnisse in den neuen Ländern bereits verflogen. Dieser Hintergrund galt erst recht für die 1992 nur unter ostdeutschen Jugendlichen erhobenen Umfragedaten, die in dieser Studie ebenfalls verarbeitet wurden. Statt dessen wurde die „Mauer in den Köpfen" beider Seiten vor allem in den Medien thematisiert und immer häufiger auf unterschiedliche Mentalitäten in Ost und West hingewiesen, die sich nach mehr als vier Jahrzehnten höchst verschiedener Sozialisation zwangsläufig ergeben hätten. Die Mentalitätsthese erscheint auf Anhieb plausibel und ist zweifellos attraktiv. Ostdeutsche wie Westdeutsche konnten sich in gewisser Weise entlastet fühlen: Schuld an den wechselseitigen Frustrationen war in erster Linie das SED-Regime und seine Hinterlassenschaft. Damit drängte sich aber die Frage auf, in welchem Ausmaß 40 Jahre real existierender Sozialismus überhaupt das Bewußtsein und das Verhalten der Ostdeutschen geprägt bzw. deformiert haben? Gerade bei den jungen Menschen, denen unsere Untersuchung 1991 bzw. 1992 galt, waren ja Krippenerziehung, das rigide Bildungssystem, Wehrkundedrill, Berufslenkung, Autoritätsfixierung und Repression und Propaganda des totalitären Staates noch unmittelbar präsent. Zugleich mußten sie mit der Vereinigung die grundlegende Veränderung fast aller Rahmenbedingungen ihrer bisherigen Existenz und Lebensplanung begreifen lernen, ganz anders als die westdeutsche Jugend, deren Lebensverhältnisse sich mit der Vereinigung nicht unmittelbar veränderten und die teilweise mit Distanz zu ihr blicken. Vor diesem Hintergrund wurde unsere Untersuchung von folgenden Fragestellungen geleitet:

- Welche Auswirkung haben die unterschiedlichen Sozialisationen auf die Einstellungen, Werthaltungen und Verhaltensweisen?
- Wie weit unterscheiden sich die Jugendlichen in wesentlichen Lebensbereichen, in Familie, in Schule, Ausbildung und Arbeitswelt, in den Lebenszielen, Berufsmotivationen und nicht zuletzt im Hinblick auf die Welt

der Politik, auf das Verständnis von Demokratie, politischen Institutionen, politischer Mitwirkung, Parteien und Politikern, in einem Bereich also, in dem die krassesten Sozialisationsunterschiede bestanden hatten?

- Wie weit sind also die westdeutschen und ostdeutschen Jugendlichen voneinander entfernt, wie nahe sind sie sich mental und politisch-ideologisch, gibt es zwei Jugendpopulationen oder *eine* Jugend in Deutschland?

Das Instrument der Hauptbefragung ist ein standardisierter Fragebogen mit insgesamt 70 Fragen und überwiegend formalisierten Antwortvorgaben (s. Anhang).

Die Quota-Stichprobe ist folgendermaßen gegliedert:

	Westdeutschland	Ostdeutschland
Gesamt	3 115	1 892
Geschlecht		
weiblich	1 514	974
männlich	1 601	918
Lebensalter		
15 – 17 Jahre	579	388
18 – 21 Jahre	1 116	694
22 – 25 Jahre	1 420	810

Quelle: Forschungsinstitut der Konrad-Adenauer-Stiftung, Archiv-Nr. 9104

Nach den üblichen Kriterien darf diese Stichprobe als repräsentativ für die Jugendbevölkerung im vereinigten Deutschland angesehen werden.

Befragung und Datenaufbereitung wurden vom EMNID-Institut/Bielefeld durchgeführt.

Die Fragen nach Unterschieden, Annäherungen und Entfernungen sind im Prozeß der inneren Vereinigung von anhaltender, ja bis heute wachsender Bedeutung. Die Hypothese von der generellen Entwicklung zweier Identitäten in Deutschland und einem mentalen Auseinanderdriften ist bereits formuliert und wird in der Öffentlichkeit mit Blick auf Wirtschaftslage, Wohlstandsgefälle, wechselseitige Vorurteile und Frustrationen zwischen West- und Ostdeutschen immer häufiger auch gleich bejaht. Allerdings sind die Indikatoren hierfür empirisch kaum gesichert. Die These von den zwei Identitäten ist impressionistisch, intellektuell schichtspezifisch geprägt und keinesfalls ein überprüfbares soziologisches Konstrukt. Stark ausgeprägte wechselseitige Vorurteile begründen noch keine unterschiedlichen Identitäten. Sie sind zunächst nur regionale Spezifika, die auch zwischen Süd- und Norddeutschen gelten. Anderssein und Andersdenken drückt sich vielmehr in unterschiedlichen Grundhaltungen und Einstellungen, in den Lebenszielen, Lebenswelten, in der Arbeitswelt und in der politischen Kultur aus.

Natürlich können die Ergebnisse unserer Untersuchung zu diesen Fragen und den realen Befindlichkeiten nur eine Momentaufnahme sein und dies zu einem relativ frühen Zeitpunkt des Annäherungsprozesses. Zudem wurde nur eine Teilgruppe der Bevölkerung, junge Deutsche zwischen 15 und 25 Jahren, befragt. Allerdings wird diese Gruppe das Zusammenwachsen beider Teile Deutschlands in den nächsten Jahren fortschreitend bestimmen – so oder so.

Und natürlich ist in einer Phase des zeitgeschichtlichen Umbruchs vieles im Fluß und im Widerstreit. Unsicherheit, Desorientierung und Neuorientierung sind vielfältig miteinander verknüpft. Deshalb empfiehlt es sich, besonders zurückhaltend bei der Interpretation empirischer Ergebnisse zu sein.

Das wichtigste Ergebnis unserer Untersuchung soll hier besonders hervorgehoben werden: das hohe Maß an Gleichartigkeit der Meinungen, Einstellungen, Wertschätzungen und Verhaltensweisen der jungen Deutschen in West- und Ostdeutschland. Bei einigen der zentralen Lebensorientierungen gab es, wie der Vergleich mit älteren Untersuchungen in der DDR zeigt, bereits lange vor der Vereinigung deutliche Parallelen. Dabei sind die Ähnlichkeiten größer in grundsätzlichen Fragen und Wertungen, beispielsweise in den Lebenszielen, in den individuellen Lebenswelten und Werthaltungen und in der Arbeitswelt. Die Differenzen sind ausgeprägter in aktuellen politischen, sozialen und wirtschaftlichen Beurteilungen, aber auch in prinzipiellen Einstellungen zum vereinten Deutschland, zu Staat, Demokratie und Parteien der Bundesrepublik und zum Sozialismus.

In den Lebensgrundstimmungen überwiegen in beiden Jugendbevölkerungen die optimistischen Stimmen, wenn auch unter ostdeutschen Jugendlichen unter dem starken Eindruck drohender Arbeitslosigkeit in geringerem Ausmaß. In den eher persönlichen Lebensbereichen, in der Wertschätzung von Familie und Freizeit und dem Wunsch nach Selbstbestimmung gibt es ebenfalls keine großen Unterschiede. Die Einstellungen sowohl zur Elternfamilie als auch zur eigenen Familiengründung bewegen sich auf der deutlich positiven Linie der bisherigen Umfragen zu diesem Thema unter west- und ostdeutschen Jugendlichen, wobei die Ostdeutschen die Familie noch relativ höher bewerten. In beiden Jugendbevölkerungen herrscht der Wunsch nach früher partnerschaftlicher Bindung, bei den Ostdeutschen darüber hinaus zu frühzeitiger Eheschließung und Elternschaft vor. In der Lebensplanung wird die lebenslange Kombination von Familie und Beruf gerade von den jungen Frauen angestrebt, auch hier wiederum von den ostdeutschen Frauen noch ausgeprägter als von westdeutschen.

Auch im Hinblick auf Ausbildung, Beruf, Arbeitsleben und Arbeitsmotivation gibt es mehr Übereinstimmungen als Unterschiede. Positive Bewertungen überwiegen unter ostdeutschen noch stärker als unter westdeutschen Jugendlichen. Diese positive Arbeitsorientierung hat sowohl in den alten als auch in den neuen Bundesländern Tradition. Leistungsorientierungen im Beruf rangieren bei den ostdeutschen Jugendlichen höher als bei westdeutschen. Andererseits schlägt sich die akut schwierige Arbeitsmarktsituation in den neuen Ländern bei ostdeutschen Jugendlichen in einer Reihe von kritischen und negativen Beurteilungen nieder.

Die Unterschiede zwischen den Geschlechtern sind generell nicht sehr groß, in den neuen Bundesländern allerdings beträchtlicher als in den alten. In den Lebensgrundstimmungen zeigen die weiblichen Jugendlichen in Ostdeutschland weniger Zufriedenheit mit der jetzigen Lage und relativ mehr Befürchtungen und Ängste im Hinblick auf die Zukunft. Darüber hinaus sind sie noch stärker familien- und berufsorientiert als junge Frauen in Westdeutschland. Insgesamt sind sie skeptischer und kritischer gegenüber dem neuen System der Bundesrepublik als die männlichen Jugendlichen in Ostdeutschland.

In der gegenseitigen Wahrnehmung der Entwicklung in Ost und West durch die beiden ehemals getrennten Jugendbevölkerungen gibt es beträchtliche Unterschiede. So wird z.B. die wirtschaftliche Entwicklung in Westdeutschland von ostdeutschen Jugendlichen wesentlich positiver eingeschätzt als von ihren Alterskameraden im Westen.

Auffallend ist ein weiterer Unterschied, nämlich die dichtere Integration der ostdeutschen Jugendlichen in die Zeitgeschichte. Sie schlägt sich in einer höheren Zustimmung zur deutschen Vereinigung und in einer stärkeren Identifikation mit dem vereinten Deutschland nieder. Daß die gegenwärtigen politischen Prioritäten, Sorgen und Ängste von jungen Ostdeutschen anders akzentuiert, vor allem auch dringlicher empfunden werden als von Westdeutschen, reflektiert präzise die realen wirtschaftlichen und sozialen Problemlagen in den neuen Ländern. Von eher grundsätzlicher Bedeutung sind dagegen die Differenzen in der Beurteilung von Staat und Demokratie und der politischen Institutionen in der Bundesrepublik. Diese Distanz und das Mißtrauen der ostdeutschen Jugendlichen ist noch stärker ausgeprägt. Hier scheint das alte System mit seinem umfassenden Herrschaftsapparat in der Negation noch am stärksten nachzuwirken. Daneben dürften aber auch mangelnde Anschauung, Erfahrung und fehlender demokratie-theoretischer Hintergrund bezüglich der neuen Grundordnung eine Rolle spielen. Unterschiedliche DDR- und BRD-Erfahrungen dürften auch in den Wertschätzungen für neue soziale und politische Bewegungen ihren Niederschlag finden.

Zugleich gibt es jenseits der Institutionenordnung bemerkenswert ähnliche Einstellungen: hinsichtlich des politischen Interesses, in der politischen Selbsteinstufung häufig links der Mitte, in Vorstellungen von politischer Partizipation neben oder sogar gegen die politischen Parteien, denen gegenüber generell eine große kritische Distanz vorherrscht, die bei jungen Ostdeutschen noch gravierender ist als bei Westdeutschen. Auch in den Extremismuspotentialen und in der Gewaltbereitschaft weisen junge West- und Ostdeutsche die gleichen, sehr niedrigen Quoten auf.

Die hier vorgelegte Untersuchung ergänzt und erweitert die Erkenntnisse der 1991 und 1992 durchgeführten deutschlandweiten Jugendstudien in mehrfacher Hinsicht. Sie verfügt nicht nur über die mit Abstand größte Stichprobe der bisherigen Jugendumfragen und erlaubt damit eine größere und validere Differenzierung regional, aber auch in den sozio-demographischen Gruppen. Sie leuchtet auch gründlicher als bisher wichtige Lebensbereiche der Jugendlichen aus: Schule, Bildung, Ausbildung und Arbeitswelt, politisch-kulturelle Orientierungen, Einstellungen zu Staat und Demokratie und nicht zuletzt die Genesis der inneren Ablösung der DDR-Jugend vom SED-Staat, letzteres durch die Einbeziehung älterer Daten des ehemaligen DDR-Zentralistituts für Jugendforschung in Leipzig. In allen diesen Feldern fehlten bislang detailliertere Erhebungen.

Die Shell-Studie, die Psydata bei rund 4.000 Befragten zwischen 13 und 29 Jahren im Sommer 1991, also etwa zeitgleich mit unserer Untersuchung, durchführte, knüpft an die früheren psychologischen Ansätze von Psydata an und stellt Lebensgefühle, Selbstdefinition, Lebensstile und Lebensorientierungen ins Zentrum ihrer Untersuchung. Die IBM-Studie, die im Frühsommer 1992 bei 2.000 Befragten zwischen 16 und 24 Jahren durchgeführt wurde, war unter anderem auf Grundstimmungen im Einigungsprozeß, die Beurteilung der Wiedervereinigung sowie auf Grundstimmungen und Einstellungen der Jugendlichen in wichtigen Lebensbereichen fokussiert. Die Stern-Untersuchung schließlich, die von FORSA bei nur 1.500 Jugendlichen zwischen 16 und 21 Jahren im Herbst 1992 durchgeführt wurde, behandelt politische Standorte, Lebenszufriedenheit, Lebensziele, Freizeitgestaltung und Einstellungen der Jugendlichen zu Gewalt gegenüber Ausländern.

Alle diese Untersuchungen können nur Momentaufnahmen in einer schwierigen Phase des Überganges mit vielfältigen Belastungen und Umorientierungen sein, in denen sich die individuellen Lebenslagen und Problemerfahrungen gerade der jungen Bürger Ostdeutschlands sehr rasch und massiv verändern können. In einer solchen Situation können die affektiven Einschätzungen und Lebensgrundstimmungen kurzfristig stark schwanken. Der im Sommer 1991 noch verbreitet geäußerte Optimismus der jungen Deutschen, in den neuen Ländern noch stärker als in den alten, dürfte deshalb neben anderen situationsbedingten Einschätzungen inzwischen geringer ausfallen. Auf der anderen Seite dürften aber auch unter den jungen Ostdeutschen inzwischen Lernprozesse stattgefunden haben, die das verbreitete Mißtrauen gegenüber den staatlichen Institutionen abgebaut haben könnten. Demgemäß ist zu vermuten, daß die Prinzipien und Institutionen des demokratischen Rechtsstaates und die Mechanismen der Willensbildung in der

Parteiendemokratie inzwischen mehr bekannt sind als ein Jahr nach der Wende.

Angesichts der Offenheit der Situation und der weiteren Entwicklung sowie ihrer Beurteilung erscheint eine größtmögliche Zurückhaltung bei der Interpretation der Befunde angebracht. Wir haben deshalb die Daten[1] selber möglichst breit und differenziert sprechen lassen und die Befunde, knapp kommentiert, in den Vordergrund gestellt. Dabei ist die Darstellung gemäß unserer Leitfrage durchweg vergleichend zwischen jungen Deutschen in West und Ost angelegt.

Diese Systematik wurde mit dem Sonderkapitel VII über die hauptsächlich betroffenen Jugendlichen in den neuen Bundesländern bewußt durchbrochen. In diesem Kapitel werden zunächst Einzelergebnisse in den verschiedenen Lebensbereichen unter ostdeutschen Jugendlichen weiter differenziert. Darüber hinaus werden die 1991 erhobenen Befunde einerseits für 1992 aktuell fortgeschrieben, vor allem aber – und hier liegt der besondere Reiz – bis in die Mitte der 80er Jahre in das DDR-System zurück verlängert. Grundlage dafür sind zum Teil unveröffentlichte Untersuchungen des Zentralinstituts für Jugendforschung, Leipzig unter DDR-Jugendlichen sowie Befunde der Forschungsstelle für Jugendfragen, Hannover. Dadurch wird es möglich, die Wandlungsprozesse im politischen Wertebewußtsein der ostdeutschen Jugendlichen bis hinter die Wende zurückzuverfolgen und zeitgeschichtlich breiter einzubetten.

Trotz aller Abschottung der Ost-Jugend und höchst unterschiedlicher Erziehung, Sozialisation und öffentlicher Beeinflussung ist am Ende erstaunlich, wie ähnlich die Großtrends in Richtung westlicher Deliberation und Jugendkultur bereits in den 80er Jahren waren. Auch deshalb spricht viel dafür, daß nach der Wende, d.h. auch nach der ersten Enttäuschung und Ernüchterung, die Ähnlichkeiten und Gleichartigkeiten in den Orientierungen und Einschätzungen unter den jungen Deutschen weiter wachsen werden. *Eine* Jugend in Deutschland scheint uns bei nüchterner empirischer Betrachtung nicht nur eine politische Wunschvorstellung, sondern eine reale gesellschaftliche Tendenz zu sein.

---

1 Die Zahlen in den Tabellen dieser Untersuchung ergeben bei Addition nicht immer 100%. Dies ist auf Rundungsvorschriften zurückzuführen bzw. darauf, daß „keine-Antwort"-Angaben nicht explizit gemacht werden.

Kapitel II

Dimensionen der Lebensgrundstimmungen bei Jugendlichen

Walter Jaide

Im Zuge der „friedlichen Revolution“ in der ehemaligen DDR stellt sich dringlich die Frage nach der Zukunft und speziell nach der weiteren faktischen und mentalen Entwicklung der Jugend. Die Aktualität dieser Frage stand zum Zeitpunkt der Untersuchung im Sommer 1991 – also neun Monate nach der Vereinigung – auf dem Höhepunkt. Wie wird es weitergehen? Welche Veränderungen bringt die Wende mit sich? Auf welche Weise und in welcher Zeit gelingt der Wandel zu einem demokratischen und marktwirtschaftlichen System? – Dies war der zeitgeschichtliche Fragehorizont, in dem die Umfrage stand.

Als Schlüsselthema bieten sich dafür die Lebensgrundstimmungen und ihre Ausprägungen an, soweit sie durch Umfragen ermittelt werden können. Denn die Bewußtseinsentwicklung in bezug auf die politischen, gesellschaftlichen, wirtschaftlichen Probleme vollzieht sich fraglos unter dem Einfluß stimmungsmäßiger, emotionaler und evaluativer Einschätzungen und Befindlichkeiten.

Das dafür beherrschende Thema war zur Zeit der Untersuchung die *Einheit Deutschlands.*

Die darauf bezogene Teilnahme, die damit verbundenen Erwartungen und Befürchtungen dürften die übrigen Stimmungsvariablen dominieren oder zumindest modifizieren. Dabei unterlagen die zustimmenden wie die ablehnenden Äußerungen zur Vereinigung im Zeitraum von 1989 bis 1991 beachtlichen Schwankungen und deutlichen Auffächerungen nach den Altersgruppen. Umfragen des Zentralinstituts für Jugendforschung, Leipzig, die der vorgelegten Studie vorangingen, ergaben darüber folgende Aufschlüsse:

Tabelle 1: **Einstellungen der 15- bis 24-jährigen Ostdeutschen zur Vereinigung von DDR und BRD**

„Wie stehen Sie zu einer Vereinigung von DDR und BRD?"

	Nov. 89 %	Febr. 90 %	Juni 90 %	Sept. 90 %
sehr dafür	14	39	43	39
eher dafür als dagegen	31	39	38	43
eher dagegen als dafür	28	16	17	14
sehr dagegen	27	6	2	4

Quelle: Zentralinstitut für Jugendforschung, Leipzig

Diese Stimmenverteilung ist im Zusammenhang mit der Meinungsbildung der Gesamtbevölkerung zu beachten. In altersgruppenmäßiger Differenzierung erzielten die Befürworter der Position 1 (sehr dafür) und der Position 2 (eher dafür als dagegen) zusammen folgende Quoten (in Klammern die Position 1 allein):

Tabelle 2: **Befürworter der Vereinigung im Trend und nach Altersgruppen (Ostdeutsche)**

	Nov. 89 %	Febr. 90 %	Juni 90 %	Sept. 90 %
15 bis 24 Jahre	45 (14)	78 (39)	81 (43)	82 (39)
25 bis 44 Jahre	43 (14)	80 (39)	83 (46)	88 (50)
45 bis 65 Jahre	48 (15)	79 (43)	86 (54)	93 (57)

Quelle: Zentralinstitut für Jugendforschung, Leipzig

Kurz nach der Wende im November 1989 standen sich also Befürworter und Gegner der deutschen Einheit in der ehemaligen DDR noch etwa gleich stark gegenüber, war die Schicksalsfrage „für oder gegen Vereinigung" in den Köpfen der dortigen Bürger noch nicht entschieden. Auch bei den Jugendlichen gab es zu diesem Zeitpunkt ein Patt, sogar mit einem leichten Übergewicht der Einheitsgegner – und zwar bei den Lehrlingen geringer als bei den Schülern und Studenten.

Doch bereits zwischen Ende 1989 und Februar 1990 kam es zu sprunghaften Veränderungen im Meinungsbild. Darin spiegelte sich einerseits die Zuspitzung der politischen und wirtschaftlichen Situation und andererseits die Hoffnung der jungen wie der älteren Bürger, durch die Vereinigung schneller zu Freiheit und Wohlstand zu gelangen. Diese Hoffnungen auf „Deutschland einig Vaterland" waren dann bekanntlich ein entscheidendes Thema im Wahlkampf zu den Volkskammerwahlen im März 1990.

Immerhin stagnierten die Zustimmungen der Jüngeren dann bis zum September 1990, d.h. bis kurz vor dem Tag der deutschen Einheit auf hohem Niveau, während die Zustimmungen der älteren DDR-Bürger beachtlich zunahmen. Vermutlich wurde das Tempo der Vereinigung bei den Jüngeren als zu schnell empfunden, besonders von denjenigen, die ausdrücklich eigene Arbeitslosigkeit befürchteten. Dabei war bei den weiblichen Jugendlichen die uneingeschränkte Zustimmung zur Einheit beachtlich geringer als bei den männlichen Altersgefährten. Immerhin hielten sich bei den Jugendlichen (15 bis 24 Jahre) die eindeutig negativen Stimmen in einer engen Marge.

Die Daten *unserer* Umfrage (Sommer 1991) spiegeln die Situation des deutsch/deutschen Integrationsprozesses ein dreiviertel Jahr nach der Vereinigung. Hierbei lassen sich Aussagen aus beiden Teilen Deutschlands gegenüberstellen, wobei die Spezifizierung nach dem Geschlecht sehr aufschlußreich ist.

Tabelle 3: Einstellung zur Vereinigung in Ost und West nach dem Geschlecht (Frage 39 im Fragebogen)

„Die Einheit Deutschlands ist nun erreicht. Dazu lese ich Ihnen gleich einige Aussagen vor, und Sie sagen mir bitte, welche Meinung Sie persönlich dazu haben“:

	sehr stark/stark		teils/teils		kaum/überhaupt nicht	
	West Ost		West Ost		West Ost	
	m. %	w. %	m. %	w. %	m. %	w. %
a)						
Ich freue mich darüber,	45	46	37	40	17	13
daß die Einheit hergestellt ist	63	53	30	38	6	9
b)						
Ich möchte persönlich etwas dafür tun,	30	27	40	40	28	31
daß Deutschland schnell zusammenwächst	61	51	30	37	9	12
c)						
Die Einheit Deutschlands	16	14	29	30	54	56
interessiert mich nicht	20	20	22	25	57	54
d)						
Ich habe Angst vor den wirtschaftlichen	34	33	32	38	32	28
Folgen der Einheit Deutschlands	28	31	38	42	38	27
e)						
Ich befürchte, daß Vertreter des	54	54	25	24	19	20
ehemaligen SED-Regimes in Staat und Wirtschaft immer noch in wichtigen Positionen sind	68	64	17	20	14	15
f)						
Ich habe Angst, daß die Stasi der	45	46	27	26	27	27
ehemaligen DDR immer noch Einfluß hat	53	53	19	21	28	26

Quelle: Forschungsinstitut der Konrad-Adenauer-Stiftung, Archiv-Nr. 9104

Auffälligerweise äußern die weiblichen Jugendlichen Ost deutlich weniger häufig als ihre männlichen Altersgenossen „sehr stark“ oder „stark“ ihre Freude über die vollzogene Einheit. Etwas höher ist bei ihnen der Anteil ambivalenter Einstellungen. Das gilt analog für die zweite Frage nach dem persönlichen Engagement für die Vereinigung. Auch hierbei sind die Mädchen zurückhaltender als ihre männlichen Altersgenossen Ost. Damit setzt sich bei den ostdeutschen Jugendlichen der bereits vor der Vereinigung erkennbare Trend fort, daß weibliche Jugendliche (wie die weibliche DDR-Bevölkerung generell) der Vereinigung weniger häufig uneingeschränkt zustimmen als männliche. Zugleich artikulieren sie etwas häufiger Angst vor den wirtschaftlichen und sozialen Folgen der Einheit (s.u.).

Bei den westdeutschen Jugendlichen treten dagegen solche Geschlechtsunterschiede nicht auf.

Differenziert man die Ergebnisse nach dem Bildungsstatus der Jugendlichen, so bejahen *Schüler* die Vereinigung überdurchschnittlich häufig und wollen sich dementsprechend dafür engagieren. Bei ihnen überwiegen offenbar die positiven Ereignisse und Perspektiven der deutschen Einheit. Mit den durch diese ausgelösten Alltagsproblemen und Verunsicherungen sind sie weniger direkt konfrontiert als die *Werktätigen,* die weniger häufig zustimmen. Etwas zurückhaltender artikulieren sich allerdings auch die Studierenden, wie es schon vor der Vereinigung und unmittelbar nach der Wende festzustellen war.

Über Zusammenhänge zwischen der Angst vor den wirtschaftlichen Folgen und der Freude über die Vereinigung gibt die folgende Tabelle Auskunft.

Tabelle 4: Vereinigung und wirtschaftliche Folgen (Frage 39)

	Ich freue mich darüber, daß die Einheit hergestellt ist		
	sehr stark/stark West Ost %	teils/teils West Ost %	kaum/überhaupt nicht West Ost %
Ich habe Angst vor den wirtschaftlichen Folgen der Einheit			
sehr stark/stark	34	44	22
	41	43	16
teils/teils	49	40	11
	60	36	4
kaum/überhaupt nicht	55	32	13
	72	24	4

Quelle: Forschungsinstitut der Konrad-Adenauer-Stiftung, Archiv-Nr. 9104

Starke Angst vor den wirtschaftlichen Folgeproblemen dämpft die Freude über die errungene Einheit in beträchtlichem Maße, bei den westdeutschen Jugendlichen sogar noch etwas mehr als bei den ostdeutschen.

Soviel über die Einstimmung zur Vereinigung.

Die universale Stimmungslage der Jugendlichen soll im folgenden (wie in: Jaide/Veen 1989) in drei Stimmungsdimensionen gegliedert dargestellt werden, die sich in zahlreichen Studien als wichtige Bedingungen bzw. Einflußfaktoren für die allgemeine und politische Meinungsbildung erwiesen haben:

- Optimismus versus Pessimismus
- Zufriedenheit versus Unzufriedenheit
- Vertrauen versus Mißtrauen.

Dabei werden jeweils die Voten aus Ost und West zum Vergleich getrennt aufgeführt.

1. Optimismus versus Pessimismus

Vordringliche Beachtung verdient die Dimension der Zukunftserwartungen, die indirekt oder direkt auf die Einheit Deutschlands bezogen sind.

Tabelle 5: Zuversicht oder Befürchtungen (Frage 12)
„Sehen Sie der *Zukunft eher mit Zuversicht oder eher mit Befürchtungen entgegen?"*

	West %	Ost %
eher mit Zuversicht	75	69
eher mit Befürchtungen	20	29
keine Angaben	5	2

Quelle: Forschungsinstitut der Konrad-Adenauer-Stiftung, Archiv-Nr. 9104

Zwischen den Geschlechter- und Altersgruppen gibt es hierbei kaum Unterschiede. Bei den jungen Ostdeutschen übertreffen allerdings die männlichen (72%) die weiblichen (67%) in ihrer Zuversicht, wie es sich schon aus den voran erwähnten Daten ergeben hat.

Tabelle 6: Angst vor der Zukunft (Frage 13)

Ich habe Angst vor der Zukunft.

	West %	Ost %
meistens	4	8
manchmal	31	38
selten	40	35
nie	24	19

Quelle: Forschungsinstitut der Konrad-Adenauer-Stiftung, Archiv-Nr. 9104

Auch hierbei äußern sich die weiblichen Jugendlichen Ost wesentlich „ängstlicher" (meistens/manchmal: 52%) als die männlichen (39%). Unter den generell weniger ängstlichen Westdeutschen treten Geschlechtsunterschiede nur in schwachem Maße auf. Welche Prägung hat der Sozialismus bei den jungen Frauen bewirkt, daß sie so rasch in Befürchtungen und Ängste umschlägt? Oder hat der Fortfall des alten Systems mit seiner gezielten Förderung zugunsten der berufstätigen Frauen sie stark verunsichert? War überhaupt die DDR-Erziehung zu eindeutig auf rezeptive Anpassung und Nutzung ausgerichtet und zu wenig auf eigenständige, emanzipatorische Lebensgestaltung?

Tabelle 7: Die persönliche Zukunft (Frage 46)

„Wie sehen Sie Ihre persönliche *Zukunft?"*

	West %	Ost %
optimistisch	39	32
eher optimistisch als pessimistisch	49	51
eher pessimistisch als optimistisch	9	14
pessimistisch	1	2

Quelle: Forschungsinstitut der Konrad-Adenauer-Stiftung, Archiv-Nr. 9104

Wie sich aus der Verteilung der Antworten ergibt, überwiegen *weitaus* in beiden Jugendbevölkerungen die optimistischen Stimmen. Dabei ist die Stimmungslage bei den Ostdeutschen den Umständen gemäß ein wenig bedrückter. Die Quoten für Pessimismus liegen jedoch beiderseits unter 16%.

Die Frage nach der *persönlichen* Zukunft wurde mit identischem Text mehrfach in den ZIJ-Umfragen des Jahres 1990 gestellt.

Tabelle 7a: Die persönliche Zukunft

	Ostdeutschland	
	Sept. 1990	Dez. 1990
	%	%
optimistisch	40	34
eher optimistisch als pessimistisch	46	50
eher pessimistisch als optimistisch	11	12
pessimistisch	3	4

Quelle: Zentralinstitut für Jugendforschung, Leipzig

Seit Ende 1990 hat sich offensichtlich ein bestimmtes Plateau herausgebildet. Der Gleichklang der Daten bis Sommer 1991 ist frappierend. (Ein ähnliches Übergewicht optimistischer Stimmen präsentieren die DJI-Studie 1990 und die Psydata-Untersuchung aus dem Jahre 1991.)

Die Unterschiede zwischen Ost und West sind dabei nicht gravierend: Während Befürchtungen und Angst vor *der* (allgemeinen) Zukunft graduell etwas stärker zwischen Ost und West differieren, liegen die Stimmen fast gleichauf bei der Frage nach der *persönlichen* Zukunft. Das deckt sich mit der generellen Erfahrung, daß die allgemeine Lage meist negativer eingeschätzt wird als die persönliche. Dem entsprechen auch die Voten auf die folgende Frage:

Tabelle 8: Selbstvertrauen (Frage 13)

„Ich traue mir zu, das zu erreichen, was ich mir vornehme."

	West	Ost
	%	%
meistens	61	58
manchmal	33	36
selten	4	5
nie	–	–

Quelle: Forschungsinstitut der Konrad-Adenauer-Stiftung, Archiv-Nr. 9104

Interessanterweise sind die Unterschiede im *Selbstvertrauen* zwischen den Jugendlichen in West und Ost nur sehr gering. Sogar in der aktuellen Frage (Frage 19), wie weit man seine beruflichen Vorstellungen wird verwirklichen können, antworten die Ostdeutschen mit 56% positiv – gegenüber den Westdeutschen mit 69%.

Man könnte auch vermuten, daß sich Optimismus versus Pessimismus eher auf eine langfristige Lebensperspektive bezieht, während Zuversicht, Befürchtungen und Ängste mehr auf kurz- oder mittelfristige Lebenskonstellationen bezogen werden. Und diese absehbaren Konkreta werden in den neuen Bundesländern fraglos negativer eingeschätzt als in den alten.

Ein besonderer Einfluß auf die Stimmungsbildung kommt den Aussichten für die *wirtschaftliche Entwicklung* zu, die die Freude und Bereitschaft bezüglich der Wiedervereinigung trüben. Ihre Beurteilung ergibt sich aus den folgenden Daten:

Tabelle 9: Zukünftige Wirtschaftslage in West und Ost (Fragen 16, 17)

„Und wie wird die wirtschaftliche Lage in der alten Bundesrepublik – also den westdeutschen Bundesländern – in etwa 3 bis 5 Jahren sein?!"

	West %	Ost %
sehr gut	9	28
gut	37	42
teils/teils	37	25
schlecht	14	4
sehr schlecht	2	1

„Und wie wird die wirtschaftliche Lage in den neuen ostdeutschen Bundesländern in etwa 3 bis 5 Jahren sein?"

	West %	Ost %
sehr gut	13	19
gut	42	49
teils/teils	28	22
schlecht	11	7
sehr schlecht	5	2

Quelle: Forschungsinstitut der Konrad-Adenauer-Stiftung, Archiv-Nr. 9104

In der Zukunftsbeurteilung der Wirtschaft votieren die ostdeutschen Jugendlichen optimistischer als die westdeutschen. Sogar die wirtschaftliche Entwicklung im eigenen Hause wird wesentlich günstiger beurteilt als von den westdeutschen Altersgefährten, die obendrein die Entwicklung im Westen skeptischer einschätzen als die Ostdeutschen.

Das rührt vermutlich daher, daß sich im Westen sowohl Öffentlichkeit wie Schulbildung weniger mit der Effizienz der Wirtschaft (Bruttosozialprodukt, Wachstum, Lebensstandard) beschäftigen, als vielmehr mit deren Korrekturen (Ökologie, Arbeitsmarktpolitik, Tarifpolitik, Sozialpolitik), was eher Skepsis hervorruft.

Dem stehen in den neuen Bundesländern real schwierige Erfahrungen mit dem Umbruch gegenüber:

- von einer Verwaltungswirtschaft zur Marktwirtschaft
- von einem gelenkten zu einem offenen Arbeitsmarkt
- von einer obrigkeitlich bevormundeten (und oft fehlgeleiteten) Berufslenkung zu einer Berufseinmündung aufgrund individueller Befähigungen, Präferenzen und Initiativen (verbunden mit dem Risiko der Arbeitslosigkeit)

– von einem zugemessenen Lebensstandard zu politisch freien Tarifverhandlungen.

Als „Erbe“ wirkt sich dabei besonders negativ die jahrelange Überallokation der (jungen, weiblichen, männlichen) Arbeitskräfte im Produktionsbereich, in der Landwirtschaft und in der regulativen Bürokratie aus – auch die im internationalen Vergleich überhöhte Quote beschäftigter Frauen. Die hierbei notwendigen Umsetzungen und Reduzierungen der Arbeitskräfte belasten auch die jugendlichen Berufsanwärter und -anfänger unmittelbar bei der Berufseinmündung durch eine Lehrstelle und mittelbar bei den „Aussichten“ für den Berufseinsatz. Die notwendigen Rationalisierungsprozesse, die zur Verknappung im Lehrstellenangebot führten, stehen auch unter dem Druck einer negativen Auftragslage: Mangel an innovativen Produktangeboten aufgrund der Überalterung der Produktionsstätten, Zusammenbruch der Wirtschaftsbeziehungen mit Osteuropa, Überflutung des Marktes mit Westprodukten.

Merkwürdigerweise äußern die Ostdeutschen darüber relativ etwas weniger Angst als die Westdeutschen (s.o.). Und sie tun dies im schmerzlichen Kontrast zur Sorge vor Arbeitslosigkeit in den neuen Bundesländern.

Tabelle 10: Arbeitslosigkeit (Frage 18)

„Befürchten Sie, daß Sie einmal arbeitslos *werden könnten, oder befürchten Sie das nicht?“*

	West %	Ost %
ja, befürchte es	26	57
nein, befürchte es nicht	68	32
bin zur Zeit arbeitslos	4	11

Quelle: Forschungsinstitut der Konrad-Adenauer-Stiftung, Archiv-Nr. 9104

Begreiflicherweise sind hierbei die Unterschiede in den Einschätzungen am stärksten ausgeprägt (s. Kap. IV).

Eine weitere Erklärung für die Differenz bzw. Polarisierung von Optimismus versus Pessimismus bietet der Blick auf die *politische Orientierung* der Jugendlichen in Ost und West, wobei allerdings die sehr hohe Zahl der Meinungslosen Ost (bis 47%) hervorsticht.

Tabelle 11: Grundstimmungen und politische Orientierung (Fragen 30, 32)

	Selbsteinschätzung auf einer Rechts-Links-Skala					
	extrem links	links	mitte	rechts	extrem rechts	weiß nicht/ kann mich nicht entscheiden
	5/4	3/2/1	0	1/2/3	4/5	
	West Ost %	West Ost %	West Ost %	West Ost %	West Ost %	West Ost %
optimistisch	35 30	39 30	37 30	47 41	39 51	29 27
eher optimistisch als pessimistisch	40 39	51 53	53 56	43 50	42 31	55 47
eher pessimistisch als optimistisch	20 21	7 16	8 13	9 3	10 14	12 17
pessimistisch	6 2	1 1	1 1	1 1	6 –	1 8

Quelle: Forschungsinstitut der Konrad-Adenauer-Stiftung, Archiv-Nr. 9104

Die politische Orientierung konkretisiert sich in den Präferenzen für die politischen Parteien: Frage 30 (nur Nennung „an 1. Stelle")

Tabelle 12: Grundstimmungen und Parteipräferenzen (Frage 30)

	CDU/ CSU	SPD	FDP	Grüne West	Bd 90/ Grüne Ost	PDS
	West Ost %	West Ost %	West Ost %	West Ost %	West Ost %	West Ost %
optimistisch	50 40	37 33	39 31	27 25	36 24	22 27
eher optimistisch als pessimistisch	44 49	52 50	53 51	53 57	45 56	43 50
eher pessimistisch als optimistisch	5 9	9 15	7 14	13 16	15 16	21 17
pessimistisch	– 1	1 1	1 1	3 1	4 2	7 2

Quelle: Forschungsinstitut der Konrad-Adenauer-Stiftung, Archiv-Nr. 9104

Rechtsorientierte sind beiderseits relativ stärker optimistisch als Linksorientierte (besonders Linksextreme). CDU/CSU-Präferenz zeigt einen Trend zu großem Optimismus. Bei Präferenzen für die übrigen Parteien zeigt sich ein gemäßigter Optimismus. Gemäßigter Pessimismus ist bei den Ostdeutschen häufiger vertreten als bei den Westdeutschen (s. weitere Erläuterungen im Kapitel V).

In welche Richtung Optimismus/Pessimismus jeweils zielen, ergibt sich aus den Zusammenhängen zwischen der Freude über die Vereinigung und den Parteipräferenzen: CDU/CSU und FDP treten dabei positiver hervor, im Osten noch stärker als im Westen. PDS-Anhänger weisen die geringsten Quoten dafür aus. Das gilt analog für das positive Engagement für die Einheit.

2. Zufriedenheit versus Unzufriedenheit

Zuversicht für die Zukunft dürfte mit Zufriedenheit angesichts der gegenwärtigen Lage zusammenhängen, wobei wiederum die Unterschiede in Ost und West (Sommer 1991) ins Spiel kommen. In den Antworten zeigt sich allerdings, daß zwar die realen Situationen innerhalb beider Landesteile untereinander verschieden sind, daß sie aber auch individuell sowie geschlechts- und schichtspezifisch unterschiedlich wahrgenommen bzw. beurteilt werden.

Tabelle 13: Persönliche Zufriedenheit (Frage 11)

„Wenn Sie einmal an Ihr Leben denken, wie schätzen Sie Ihre augenblickliche Lebenssituation ein?"

	West		Ost	
	m.	w.	m.	w.
	%	%	%	%
zufrieden	37	40	24	28
einigermaßen zufrieden	38	38	39	35
teils/teils	15	16	25	25
eher unzufrieden	5	3	7	7
unzufrieden	1	1	4	4

Quelle: Forschungsinstitut der Konrad-Adenauer-Stiftung, Archiv-Nr. 9104

Daß die Zufriedenheit bei den Westdeutschen generell höher liegt, ist plausibel. Daß jedoch auch die Ostdeutschen die „zufriedenen" Positionen mit relativ hohen Quoten besetzen, ist erstaunlich und stellt die Frage nach den Motiven für diese Stimmungsäußerungen in den neuen Bundesländern. Wahrscheinlich überragen in der Stimmungslage die neuen freiheitlichen Lebensmöglichkeiten die bedrückenden Lebensverhältnisse (s. Kap. V) und drücken „Unzufriedenheit" auf 11% (Ost)!

Damit stimmt überein, daß sich die weiblichen Jugendlichen sogar etwas zufriedener äußern als die männlichen – auch in den neuen Bundesländern (trotz ihrer etwas größeren Vorbehalte gegenüber der Vereinigung). Bei den weiblichen Befragten spielen die Altersunterschiede kaum eine Rolle. Dagegen zeigt sich bei den Altersjahrgängen der männlichen Jugendlichen ein starker Abfall im Ausmaß der Zufriedenheit von den 15- bis 17-Jährigen zu den älteren Jahrgängen – auch (zwar geringer) bei den westlichen.

Wie stark Zufriedenheit eher einen Scheck auf die Zukunft als die Quittung auf die Gegenwart enthält, zeigen die Zusammenhänge mit den Parteipräferenzen (Frage 30):

Tabelle 14: Persönliche Zufriedenheit und Parteipräferenzen (Fragen 11, 30)

	zufrieden		eher unzufrieden/unzufrieden	
	West	Ost	West	Ost
	%	%	%	%
CDU-Präferenz	47	34	3	9
PDS-Präferenz	11	21	33	16

Quelle: Forschungsinstitut der Konrad-Adenauer-Stiftung, Archiv-Nr. 9104

Der Einfluß solcher Einschätzungen und Gefühle zeigte sich bereits bei den Zusammenhängen zwischen der Zufriedenheit mit der gegenwärtigen Lage und der Freude an der Vereinigung.

Tabelle 15: Freude an der Wiedervereinigung (Frage 39)

	sehr stark/stark		kaum/nicht	
	West	Ost	West	Ost
	%	%	%	%
zufrieden	49	63	12	5
eher unzufrieden	22	46	42	16

Quelle: Forschungsinstitut der Konrad-Adenauer-Stiftung, Archiv-Nr. 9104

Offenbar ist die emotionale Ansprechbarkeit der Jugendlichen Ost in dieser Frage stärker als bei den Jugendlichen West – abgesehen davon, daß die generelle Freude an der Wiedervereinigung bei den der Ostdeutschen wesentlich größer ist als bei den Westdeutschen (s.o.).

Die allgemeine Zufriedenheit wird merkwürdig wenig tangiert durch die negative Einschätzung der Wirtschaftslage Ost.

Tabelle 16: Die Wirtschaftslage in Ost und West (Fragen 15, 14)

„Wie beurteilen Sie die heutige wirtschaftliche Lage in den neuen ostdeutschen Bundesländern?“

	West %	Ost %
sehr gut	1	2
gut	3	3
teils/teils	17	19
schlecht	46	46
sehr schlecht	31	30
„Wie beurteilen Sie ganz allgemein die heutige wirtschaftliche Lage in der Bundesrepublik – also in den westdeutschen Bundesländern?“		
sehr gut	17	39
gut	51	46
teils/teils	23	13
schlecht	5	1
sehr schlecht	1	1

Quelle: Forschungsinstitut der Konrad-Adenauer-Stiftung, Archiv-Nr. 9104

Daß die ostdeutschen Jugendlichen ihre Wirtschaftslage zu 76% als schlecht und sehr schlecht beurteilen, ist ein sehr beachtliches Datum! Diese Einschätzungen betreffen – wie bereits in der Sorge bezüglich der Vereinigung erwähnt – wahrscheinlich in erster Linie die soziale Sicherheit, Arbeitsmarkt und Lebenshaltungskosten. Dabei muß man allerdings bedenken, daß es sich hierbei um subjektive Lagebekundungen und Vergleichsschätzungen handelt, die zu den objektiven Gegebenheiten in unterschiedlich gebrochenen Zusammenhängen stehen können. Sie unterliegen vermutlich auch Selbstbehauptungstendenzen und speziellen Hoffnungen. Auch als solche sind sie sehr ernst zu nehmen und allen Umbruch-Kosten-Erwägungen voranzustellen! Das demonstrieren auch die Zusammenhänge zwischen der Einschätzung der Wirtschaftslage und der Zufriedenheit mit Demokratie. Dabei werden die jeweils gegenseitigen Einstellungen ausgewiesen:

Tabelle 17: Gegenseitige Einschätzung der Wirtschaftslage in Ost und West (Fragen 25, 14, 15)

Mit Demokratie	sehr zufrieden		nicht zufrieden	
	West:West %	Ost:Ost %	West:West %	Ost:Ost %
Wirtschaftslage				
gut	56	1	31	2
teils/teils	12	19	37	11
schlecht	2	42	16	45

Quelle: Forschungsinstitut der Konrad-Adenauer-Stiftung, Archiv-Nr. 9104

Die Unterschiede sprechen für sich.

Im Westen halten selbst System-Unzufriedene die Wirtschaftslage noch für gut (31%). Im Osten drückt die Einschätzung der Wirtschaftslage manche Zufriedenheitskriterien herunter. Das entwertet nicht den hohen Rang der demokratischen Freiheitsrechte im Bewußtsein der Jugendlichen. Aber es weist hin auf die kritischen, labilen Zusammenhänge in der Bewertung der neuen demokratischen Ordnung aufgrund der Praxis der Marktwirtschaft („Soziale Marktwirtschaft"?!). Dergleichen Relationen bestehen auch in anderen Ländern: Das alltägliche Arbeits- und Wirtschaftsleben soll das politische System legitimieren! Demokratie soll mit wirtschaftlicher Prosperität einhergehen! Gerade entgegen diesen Thesen verdienen die zufriedenen Stimmen der Ostdeutschen spezielle Beachtung (s. Kap. IV; Kap. V) !

Eine besondere Bedeutung unter den Motiven für Zufriedenheit kommt der „System-Frage" zu, die in einem problematischen Zusammenhang mit der Bejahung der Vereinigung steht:

Tabelle 18: Zufriedenheit mit der Demokratie (Frage 25)

„Wie zufrieden sind Sie mit der Demokratie in Deutschland insgesamt?"

	West %	Ost %
sehr zufrieden	27	8
einigermaßen zufrieden	62	72
nicht zufrieden	9	19

Quelle: Forschungsinstitut der Konrad-Adenauer-Stiftung, Archiv-Nr. 9104

Die Meinungen der Jugendlichen in Ost- und Westdeutschland variieren relativ stark in den beiden Eckwerten. Nur müssen bei den Ostdeutschen folgende Gegenfragen bedacht werden:

- Wieviel haben sie bisher von westlicher Demokratie erfahren? Wieviel trauen sie ihr zu?
- Oder denken sie noch an das Pseudosymbol „Deutsche Demokratische Republik"?
- Wieweit unterstellen sie die marktwirtschaftlichen Reformen mit ihren negativen Begleitumständen dem Einzug der Demokratie?

Verstehen, Erleben, Praktizieren von westlicher Demokratie ist bei den ostdeutschen Jugendlichen im Sommer 1991 noch kaum in Gang gekommen. Ihre Aussagen sind trotzdem im ganzen beachtlich positiv. Offenbar nimmt unter dem Rubrum Demokratie das neue Freiheitsbewußtsein einen hohen Rang ein und prägt deshalb sowohl die allgemeine Stimmungslage wie die speziellen Stimmungsvariablen stark mit.

In der Frage 49 nach den wertvollen Veränderungen infolge der Vereinigung erzielen die Freiheiten bei den Ostdeutschen folgende Prozente:

Tabelle 19: Wertvolle Verädnerungen durch die Vereinigung (Frage 49)

Reisefreiheit	38,0
Meinungsfreiheit	15,0
persönliche Entfaltungsmöglichkeiten	15,0
allgemeine Freiheit	12,0
freie Berufswahl	6,0
kein politischer Druck	6,0
freie Wahlen	0,3

Quelle: Forschungsinstitut der Konrad-Adenauer-Stiftung, Archiv-Nr. 9104

Auf die Frage 26 „Was finden Sie gut daran, wie die Demokratie in Deutschland verwirklicht ist?" erbringen alle „Freiheit"-Aussagen der Ostdeutschen insgesamt 51% der Nennungen (z.B. Meinungsfreiheit 26%; s.a. Kap. V).

Auf die Frage 36 B werden als erstes der vier vorgegebenen Ziele von 27% der Ostdeutschen (an 1. Stelle) genannt:

„Daß Sie in einer Gesellschaft leben, in der die Bürger an allen Entscheidungen beteiligt sind".

Das bedeutet, daß unter den Veränderungen seit der Vereinigung, die von den jungen Ostdeutschen als besonders wertvoll empfunden werden, die Erringung fundamentaler Menschen- und Bürgerrechte, die ihnen bislang vorenthalten wurden, eindeutig dominiert. Dies unterstreichen die Antworten auf die Frage nach den Lebenszielen (Frage 10 C):

Tabelle 20: Selbständigkeit als Lebensziel (Frage 10c)
„Ihr Leben völlig selbständig und eigenverantwortlich gestalten"

	sehr große/ große Bedeutung		mittlere Bedeutung		überhaupt keine Bedeutung	
	m. %	w. %	m. %	w. %	m. %	w. %
West	82	81	14	15	3	3
Ost	80	76	6	14	3	2

Quelle: Forschungsinstitut der Konrad-Adenauer-Stiftung, Archiv-Nr. 9104

Einschätzung der eigenen Stimmungs- und Aktivitätslage (Frage 13).

Weiterhin wurden zur Einschätzung der eigenen Befindlichkeit mehrere emotional/motivationale Dimensionen ausgewählt und mit folgenden Indikatoren gemessen:

A) ich fühle mich einsam und allein
B) ich bin ein lebensfroher und glücklicher Mensch
C) ich traue mir zu, das zu erreichen, was ich mir vornehme
D) ich bin voller Tatendrang
E) ich habe Angst vor der Zukunft

Tabelle 21: Selbstbeurteilungen (Frage 13)

		meistens %	manchmal %	selten %	nie %
A)	*einsam und allein*				
	West	2	24	43	31
	Ost	2	27	46	25
B)	*lebensfroh und glücklich*				
	West	63	32	4	–
	Ost	67	28	5	–
C)	*Vorgenommenes erreichen*				
	West	61	33	4	–
	Ost	58	36	5	–
D)	*voller Tatendrang*				
	West	42	49	7	1
	Ost	37	52	10	1
E)	*Angst vor der Zukunft*				
	West	4	31	40	24
	Ost	8	38	35	19

Quelle: Forschungsinstitut der Konrad-Adenauer-Stiftung, Archiv-Nr. 9104

Dieser Überblick zeigt summarisch: Die große Mehrheit der befragten Jugendlichen

- fühlt sich nur selten einsam und allein
- erlebt sich überwiegend lebensfroh und glücklich
- hat ein sehr hohes Vertrauen in die eigene Leistungsfähigkeit
- ist damit zusammenhängend häufig voller Tatendrang
- hat immerhin manchmal und selten Zukunftsängste.

Auffälligerweise sind hierbei die Unterschiede zwischen Ost und West ziemlich gering (außer bei der Angst vor der Zukunft). Dieser Befund deutet ebenfalls darauf hin, daß Grundbefindlichkeiten in beiden Jugendbevölkerungen trotz sehr verschiedener Zeitschicksale relativ gleichartig geblieben sind. Es fragt sich somit, wie tief und nachhaltig die zu befürchtende Deformation jugendlichen Lebens und Empfindens während der SED-Herrschaft tatsächlich gewirkt hat. Ob die auf Lenkung, Bevormundung und Kontrolle gerichtete Sozialisationskultur der DDR – nun nach dem Fortfall des Realsystems und im Gegensatz zur politischen Kultur der Bundesrepublik Deutschland – starke Deprimierungen hinterlassen hat, läßt sich aus diesen Umfragen – so kurzfristig – *nicht* feststellen. Offen bleiben müssen die Fragen, ob sich solche Deformationen erst mit zeitlichem Verzug und bei Ungeduld mit den Veränderungen bzw. infolge des weiteren Vereinigungsprozesses einstellen werden.

3. Vertrauen versus Mißtrauen

Wahrscheinlich hängt die Zufriedenheit mit „der“ Demokratie mit Vertrauen bzw. Mißtrauen in die demokratischen Institutionen und Funktionsweisen zusammen. Darüber gibt ein reichliches Datenmaterial Auskunft (vgl. Kap. V „Jugend und Politik“).

Zunächst wird die allgemeine Frage nach dem Vertrauen in den Staat gestellt, bei der sich – vielleicht auch wegen der Vagheit der Frage – erstaunlich hohe Analogien zwischen Ost und West ergeben.

Tabelle 22: Vertrauen in den Staat (Frage 28 E)

„Alles in allem kann man darauf vertrauen, daß der Staat das Richtige für die Bürger tut.“

		West %	Ost %
Zustimmungen	+3 / +2	11	10
	+1	18	12
teils/teil	0	29	35
Nichtzustimmungen	-1	12	14
	-2 / -3	26	26
kann mich nicht entscheiden		2	3

Quelle: Forschungsinstitut der Konrad-Adenauer-Stiftung, Archiv-Nr. 9104

Die Aufgliederung der Aussagen nach politischen Richtungen bzw. Parteien ergibt auch in dieser Frage deutliche Differenzierungen.

Tabelle 23: Politisches Vertrauen und politische Orientierung (Fragen 28 E, 32, 30)

„Alles in allem kann man darauf vertrauen, daß der Staat das Richtige für die Bürger tut.“

Rechts-Links-Orientierung			Vertrauen 3/ 2/ 1 %	0 %	kein Vertrauen 1/ 2/ 3 %
links	5 bis 1	West	42	50	102
		Ost	29	50	119
Mitte	0	West	31	32	34
		Ost	21	42	35
rechts	1 bis 5	West	70	51	73
		Ost	75	57	62

(Mehrfachnennungen)

Parteipräferenzen		Vertrauen 3/ 2/ 1 %	0 %	kein Vertrauen 1/ 2/ 3 %
CDU	West	44	30	22
	Ost	35	36	26
SPD	West	27	30	39
	Ost	20	39	38
FDP	West	33	25	38
	Ost	25	39	35
Grüne	West	15	26	55
	Ost	12	37	47
B 90/Grüne	West	13	16	71
	Ost	16	24	57
PDS	West	21	14	64
	Ost	14	21	62

Quelle: Forschungsinstitut der Konrad-Adenauer-Stiftung, Archiv-Nr. 9104

Wie zu erwarten, schlägt die Rechts-Links-Orientierung bei der Abschätzung von Vertrauen versus Mißtrauen (wie bei den anderen Stimmungsdimensionen) stark zu Buche, wobei das Vertrauen der Ostdeutschen generell geringer ausfällt. Die hohen Quoten bei der Unentschieden-Position sind bemerkenswert und kennzeichnend.

Beachtlich sind die Unterschiede zwischen den beiden großen Parteien. CDU und FDP werden – wie bereits bei voranstehenden Fragen – positiver eingeschätzt als SPD und die übrigen Parteien. Bemerkenswert bleibt auch hierbei die relativ starke Besetzung der Mittelpositionen (mit jeweils einem Drittel der Stimmen).

Die Berührungen der Jugendlichen mit den Parteien – und d.h. in den bisher getrennten Teilen Deutschlands mit unterschiedlich konstituierten politischen Parteien – hätten für die Akzeptanzfrage eine stark kontrastierte Datenlage erwarten lassen. Aber sowohl Zustimmungen wie auch Ablehnungen halten sich in mäßigen Unterschieden – mit relativ stärkeren Negationen durch die Ostdeutschen. Die Unentschiedenen sind gleichermaßen stark vertreten (etwa mit einem Drittel).

Tabelle 24: Vertrauen zu den politischen Parteien (Frage 31)
„Was halten Sie ganz allgemein von den politischen Parteien in Deutschland?"

Antwortvorgabe A:
„Die Parteien sind alles in allem zuverlässig und verantwortungsbewußt."

		West %	Ost %
Zustimmungen	+3 / +2	12	8
	+1	18	12
teils/teils	0	31	39
Ablehnungen	-1	14	13
	-2 / -3	19	23
kann mich nicht entscheiden		2	4

Antwortvorgabe C:
„Die Parteien vertreten die Bürger insgesamt recht gut."

		West %	Ost %
Zustimmungen	+3 / +2	11	12
	+1	23	14
teils/teils	0	30	37
Ablehnungen	-1	16	13
	-2 / -3	11	21
kann mich nicht entscheiden		2	3

Quelle: Forschungsinstitut der Konrad-Adenauer-Stiftung, Archiv-Nr. 9104

Die folgenden Daten über das Vertrauen bzw. Mißtrauen in die staatlichen Institutionen halten sich im Rahmen der allgemeinen Institutionen-Skepsis in modernen Industriegesellschaften. Schwierigkeiten der Kommunikation und Kenntnisnahme zwischen Institutionen und Bürgern konkurrieren mit der Notwendigkeit institutioneller Strukturen und Regelungen für komplizierter werdende Problemlagen.

Die genauen Daten über die Einstellungen zu Bundesregierung, Bundestag, Parteien, Polizei, Bundeswehr, Gerichte, Verwaltungen folgen im Kapitel V.

Für die „Vertrauensfrage" ist wichtig, daß gegenüber fast allen erwähnten Institutionen die Stimmen für *„teilweise"* dominieren und zwar in beiden Teilen Deutschlands – besonders hoch gegenüber Bundesregierung, Bundestag, Parteien und Verwaltungen.

Bei den *Vertrauensquoten* ergibt sich eine Rangfolge (jeweils West/Ost) von 56/43% für Gerichte, 53/34% für Polizei, 41/29% für Bundestag, 39/40% für Bundeswehr, 32/28% für Bundesregierung, 31/18% für Verwaltungen und nur 18/13% für Parteien.

Für die Positionen *„wenig Vertrauen"* und *„kein Vertrauen"* zusammen ergibt sich folgende Rangfolge (jeweils West/Ost): 31/36% für Parteien,

31/25% für Bundeswehr, 29/45% für Verwaltungen, 27/30% für Bundesregierung, 17/32% für Polizei, 17/24% für Bundestag, 15/22% für Gerichte.

Bedeutende Unterschiede zwischen Ost und West ergeben sich besonders für die Verwaltungen und die Polizei und auch noch für den Bundestag durch geringeres Vertrauen und höheres Mißtrauen der ostdeutschen Jugendlichen. Das dürfte aus ihren speziellen Erfahrungen in der Vorgeschichte und auch noch aus der Zeit der Umfrage herrühren.

4. Zusammenhänge zwischen den Grundstimmungen und den Lebensbereichen: Familie – Schule/Beruf – Kirche

Zum Hintergrund der Stimmungslagen gehört die „Integration" in die Lebensbereiche Elternhaus, Schule/Hochschule, Ausbildung/Beruf und Kirche.

Über den Einfluß der Wohngesellung auf die Stimmungsbefindlichkeiten geben die folgenden Ergebnisse Auskunft.

Tabelle 25: Zufriedenheit mit der augenblicklichen Lebenssituation (Fragen 11, 64)

		Wohnt	
		bei Eltern	nicht bei Eltern
		%	%
zufrieden/einigermaßen zufrieden	West	78	74
	Ost	68	57
eher unzufrieden/unzufrieden	West	4	7
	Ost	9	15

Quelle: Forschungsinstitut der Konrad-Adenauer-Stiftung, Archiv-Nr. 9104

Die Unterschiede sind deutlich und in Ost und West analog.

Entsprechend äußern die in der Familie Wohnenden relativ mehr Zuversicht und Optimismus – mit deutlicheren Unterschieden bei den Ostdeutschen. Das gilt auch für die Einschätzung der Wirtschaftslage.

Demgegenüber sind die negativen Stimmungen in geringerem Maße vertreten bei denjenigen, die bei den Eltern oder einem Elternteil wohnen.

• Schule/Hochschule

Die Antworten bezüglich der Einschätzung von Schule/Hochschule bekunden ebenfalls Zusammenhänge mit den Grundstimmungen. Die Beurteilung „Schule/Hochschule macht Spaß" (generell höher bei den Westdeutschen) geht einher mit relativ höherer Zufriedenheit mit der Lebenssituation und mit der Zuversicht für die Zukunft einschließlich der Wirtschaftslage und dem Arbeitsmarkt (Fragen 1, 2).

Die Zufriedenheiten steigen beiderseits an mit dem Lebensalter und den besseren Lebenschancen durch eine höhere Vorbildung. Generell ergeben sich stärkere Besetzungen für die Vorgabe „zufrieden" bei den westlichen Jugendlichen – auch ausdrücklich bei den westlichen Lehrlingen! Das läßt sich illustrieren anhand der Einschätzungen der augenblicklichen persönlichen Lebenssituation (Frage 11) durch alle Jahrgänge und deren Aufgliederung nach Bildungsstufen:

Tabelle 26: Zufriedenheit und Bildungsniveau (Fragen 1, 11)

		zufrieden %	einigermaßen zufrieden %	teils/teils %	eher unzufrieden %	unzufrieden %
Hauptschule	West	30	36	21	7	3
	Ost	29	43	20	6	1
Lehrlinge	West	44	37	14	2	1
	Ost	26	42	24	6	2
Gymnasium/EOS	West	45	36	14	2	2
	Ost	28	43	24	4	1
Hochschüler	West	40	37	15	7	–
	Ost	27	45	24	3	–

Auch die Zufriedenheit mit der Demokratie (Frage 25) steigt deutlich mit dem Bildungsniveau:

	sehr zufrieden % West	 Ost
Sonderschule	8	–
Hauptschule	18	9
Lehrlinge	25	8
Gymnasium/EOS	31	8
Hochschüler	30	13

Quelle: Forschungsinstitut der Konrad-Adenauer-Stiftung, Archiv-Nr. 9104

Diese Ergebnisse bekunden deutliche Differenzen zwischen West und Ost. Die geringere Zufriedenheit mit der Schule in den neuen Bundesländern schlägt sich nieder in entsprechend geringeren Werten für die positiven Stimmungsvariablen. Das bedeutet allerdings, daß die mit der Schule Zufriedenen sich voll auf die positive Seite schlagen – besonders in der Frage der Systemzufriedenheit und der Hoffnung, nicht arbeitslos zu werden.

Die Bekundung von „... macht Spaß" kann sich auf entsprechend objektive oder/und subjektive Einschätzungen beziehen. Sie kann auch aus einer höheren Anpassungs- bzw. Integrationsbereitschaft oder -fähigkeit und einer

Erfolgsorientierung der befragten Jugendlichen herrühren. Das letztere gilt vermutlich besonders für die Mädchen Ost, die höhere Voten für „macht Spaß" erbringen als die Jungen. Jedenfalls schlägt es sich in den Stimmungsfragen nieder: Positive Schulerfahrungen machen wahrscheinlich generell optimistischer und zufriedener. Wie weit die relative Enttäuschung der Ostdeutschen durch die Schule dem alten System oder dem Umbruch anzulasten ist, kann hier nicht erörtert werden.

• Ausbildung/Arbeit

Ähnlich wie die positiven Einschätzungen von Schule/Hochschule schlagen sich auch positive Beurteilungen von Ausbildung/Arbeit in allgemein höherer Zufriedenheit nieder sowie in größerer Zuversicht für die Zukunft und die eigene Lebenslage und speziell auch in positiveren Beurteilungen von Wirtschaft und Demokratie (Fragen 2, 5).

Wahrscheinlich begünstigen bei den Jugendlichen positive Einschätzungen von Schule und Arbeit eine positive *Gesamtbefindlichkeit*, die sich dementsprechend in den übrigen Stimmungsfragen ausdrückt.

• Kirchen

Auch die Verbundenheit mit einer Kirche manifestiert sich in den Aussagen zu den Lebensgrundstimmungen. Bei der Gewichtung dieser Zusammenhänge müssen allerdings folgende Einschränkungen bedacht werden:

Nur ein Drittel der DDR-Bevölkerung war Kirchenmitglied, so daß im Zusammenhang damit nur 484 ostdeutsche Jugendliche eine Konfessionsangabe gemacht haben.

Allerdings zeigt Kirchenverbundenheit trotz der kulturellen Unterschiede zwischen beiden Teilen Deutschlands dennoch im Westen wie im Osten einen merklichen Bezug zu relativ höherer Lebenszufriedenheit. Das äußert sich auch in höheren Quoten bei der Zuversicht in bezug auf die allgemeine Zukunft, beim Optimismus in bezug auf die persönliche Zukunft und der Zufriedenheit mit der augenblicklichen Lebenssituation. Das gilt sogar für die relativ positiven Einschätzungen der wirtschaftlichen Verhältnisse und Aussichten sowie von Staat und Demokratie.

5. Zusammenfassung

(1) Auf der Stimmungsdimension *Optimismus/Pessimismus* überwiegen deutlich in *beiden* Jugendbevölkerungen die optimistischen Stimmen. Dabei ist die Stimmungslage bei den Ostdeutschen den Umständen ge-

mäß ein wenig bedrückter. Aber die Äußerungen für Pessimismus und Angst liegen beiderseits unter 16%.

Die wirtschaftliche Entwicklung – auch in den neuen Bundesländern – sehen die ostdeutschen Jugendlichen sogar optimistischer als ihre westlichen Altersgefährten. Auch die Angst vor den wirtschaftlichen Folgen der Einheit ist bei den ersteren geringer.

Nur in der Sorge vor Arbeitslosigkeit liegen – im Sommer 1991 – die Äußerungen aus den neuen Bundesländern mehrheitlich auf der negativen Seite (57% Befürchtungen). Aber auch diese konkrete Sorge wird konterkariert durch optimistisches Selbstvertrauen für das eigene Leben und sogar für die eigenen Berufsperspektiven – nicht viel geringer als im Westen.

(2) Auch auf der Dimension *Zufriedenheit/Unzufriedenheit* mit der augenblicklichen persönlichen Lebenssituation wird mehrheitlich Zufriedenheit signalisiert – von den ostdeutschen Jugendlichen in relativ geringerem Maße sowohl aufgrund ihrer seit langem vorgeprägten wie der neuerlich veränderten Lebensverhältnisse. Die gegenwärtige wirtschaftliche Lage in den neuen Bundesländern wird beiderseits überwiegend als schlecht/sehr schlecht eingestuft. Die Freude über die Herstellung der deutschen Einheit erhält trotzdem oder gerade deshalb von den Ostdeutschen beachtlich höhere Quoten als von den Westdeutschen – und viel weniger Gegenstimmen.

(3) Die Bekundungen von *Vertrauen und Mißtrauen* beziehen sich zumeist auf die politische Ebene.

Gegenüber „dem Staat“ sowie den staatlichen und politischen Institutionen, besonders gegenüber den Parteien machen „teils/teils“- bzw. „unentschiedene“ Voten ein Drittel und mehr der Stimmen aus. Das belastet wahrscheinlich die Akzeptanz des politischen Systems und seiner Organe. Stellt man dem die Mißtrauens-Voten zur Seite, so ergänzt sich diese nicht positive Einschätzung zu jeweils der Hälfte bzw. sogar zwei Dritteln der Stimmen. Diese Marge erhält bei den Ostdeutschen generell höhere Quoten als bei den Westdeutschen. Das variiert auch nach den politischen Präferenzen (Parteien, Rechts-Links-Orientierung), wobei „rechts“ und „in der Mitte“ relativ weniger Mißtrauen geäußert wird. Und es differiert je nach Institutionen, wobei die Gerichte am günstigsten, die Parteien weithin am ungünstigsten abschneiden. Die Verwaltungen ernten in Ost und West besonders unterschiedliche Vertrauensquoten.

Diese „Vertrauenslage“ bedarf des Kommentars: Ein politisches System mit derart unzulänglicher Vertrauensbasis in den subjektiven Einschätzungen der Jugendlichen muß sich deutlich in Frage gestellt sehen. Mehr noch: Was nützen die schönen Quoten für Optimismus und Zufriedenheit, wenn das Vertrauen in die aktuellen Entscheidungs- und Herrschaftsträger und in die Problemlösungskompetenz der Institutionen so relativ gering ist bzw. sich mit so geringen Quoten äußert?

(4) Überprüft man die Zusammenhänge zwischen den drei Stimmungsdimensionen, so ergeben sich adäquate Korrelationen – was die Seriosität von Bekundungen subjektiver Stimmungen und Befindlichkeiten unterstreicht.

Optimismus überlagert – angesichts der aktuellen Problemlasten – die beiden anderen Dimensionen. Umgekehrt sind die mit ihrer gegenwärtigen Lebenssituation *Zufriedenen* auch wesentlich zuversichtlicher in bezug auf die Zukunft. Sie beurteilen die Wirtschaftslage und deren weitere Entwicklung etwas günstiger und sind mit der Demokratie in beachtlich höherem Maße zufrieden.

Dagegen korreliert Angst vor der Zukunft mit starken Befürchtungen und mit einem höheren Maße von Unzufriedenheit sowie mit etwas ungünstigerer Beurteilung der Wirtschaftslage und ihrer weiteren Entwicklung. Auch bezüglich „der" Demokratie äußern sich die Betreffenden in höherem Maße unzufrieden.

Erst recht zeigen diejenigen, denen Arbeitslosigkeit bevorstehe, und vor allem die Arbeitslosen in höherem Maße Befürchtungen und Unzufriedenheit mit der Lebenslage sowie mit der Demokratie.

Vertrauen gegenüber „dem Staat" – soweit es geäußert wird – geht einher mit höherer persönlicher Zuversicht und Zufriedenheit, mit einer relativ günstigeren Einschätzung der Wirtschaftslage und ihrer Weiterentwicklung sowie mit beachtlich hoher Zufriedenheit mit der Demokratie.

Auch Vertrauen in die Institutionen zeigt Zusammenhänge mit höherer Zuversicht und Zufriedenheit, günstigerer Beurteilung der Wirtschaftslage und deren Aussichten und hohe Korrelationen mit Zufriedenheit mit der Demokratie.

Vertrauen in die politischen Parteien – soweit es geäußert wird – korreliert positiv mit den Variablen der Zuversicht für die Zukunft, der Zufriedenheit mit der Lebenslage, der Zufriedenheit mit der Wirtschaftslage und mit der Demokratie.

Der Komplex der Grundstimmungen ist also in sich relativ homogen und plausibel. Das spricht nicht gegen die relativ geringere Ausprägung von Vertrauen. Diese überschattet besonders bei den Ostdeutschen die übrigen Stimmungsdimensionen.

Zum Hintergrund der Stimmungslagen gehört die „Integration" in die Lebensbereiche Elternhaus, Schule/Hochschule, Ausbildung/Beruf und Kirche. Die subjektiv positiven Befindlichkeiten in diesen Lebensbereichen hängen offenbar zusammen mit der Besetzung der positiven Pole der drei Stimmungsdimensionen. Sie bilden vermutlich ein „Geborgenheitssyndrom", das die Stimmungslagen günstig beeinflußt.

(5) In den Stimmungslagen zeigen die sozio-strukturellen Gruppen nur geringe Unterschiede.

Die *Lebensaltersgruppen* (15 bis 17 / 18 bis 21 / 22 bis 25) weisen in ihren Grundstimmungen geringe Unterschiede auf. Nur die Jüngsten (15 bis 17) äußern sich etwas „labiler", und zwar teilweise relativ besorgter, teilweise relativ vertrauensbereiter. Das mag mit den altersgemäß geringeren Erfahrungen sowie geringeren Belastungen und mit größerer Aufgeschlossenheit für die neuen Systemstrukturen zusammenhängen. Das gilt den Umständen gemäß stärker für die Jüngeren Ost.

Außerdem variieren die Stimmungsaussagen mit dem *Bildungsniveau*. Mit höherer Bildung steigen die realen Lebenschancen und deren positivere, aber auch kritischere Einschätzung sowie das Selbstvertrauen. Diese Unterschiede prägen sich mit zunehmendem Alter deutlicher aus.

Nur im Osten fallen *geschlechtsspezifische* Unterschiede ins Gewicht. Dort äußern die weiblichen Befragten zum Teil höhere persönliche Zufriedenheit, aber dagegen häufiger Sorgen, Befürchtungen, Vorbehalte und Skepsis gegenüber den veränderten politischen und sozialen Verhältnissen (s. Kap. VI).

(6) Die ostdeutschen Jugendlichen unterscheiden sich von den westdeutschen in Fragen nach dem aktuellen Lebensalltag durch relativ stärkere

- Sorge vor Arbeitslosigkeit
- Besorgnisse vor der Zukunft
- Unzufriedenheit mit der Lebenssituation
- Skepsis (Mißtrauen/Unentschiedenheit) gegenüber den für sie neuen Institutionen und Systemstrukturen.

Diese Unterschiede sind offenbar sowohl den gegenwärtigen Lebensverhältnissen und Veränderungen anzulasten wie der Vorgeschichte der DDR und der durch die Jugendlichen daraus erfahrenen Prägung.

Im ganzen muß die Stimmungslage der ostdeutschen Jugend im Zuge eines Jahrhundertprozesses der Wiedervereinigung mit seinen Chancen, Umstellungen, Widersprüchen, Enttäuschungen als moderat eingeschätzt werden. Im ganzen überwiegen positive Stimmungen. Auch bestehen viele Analogien in der Stimmungslage zwischen Ost und West, d.h. in einer im Umbruch befindlichen und einer etablierten Gesellschaft. Die Ergebnisse widersprechen einer tiefgehenden, allgemeinen Deformation in Bewußtsein bzw. Unterbewußtsein der ostdeutschen Jugend. Sie zeigen stimmungsmäßig positive Ansätze zur Bewältigung der deutschen Einheit auf allen ihren Dimensionen.

Kapitel III

Jugend und Familie

Barbara Hille

Partnerschaft und Familie haben bei Jugendlichen in Ost- und in Westdeutschland einen unvermindert hohen Stellenwert. Das belegen im Vergleich der letzten ca. 20 Jahre zahlreiche empirische Untersuchungen (s. Hille 1985; Jaide/Veen 1989, S.48-74; Hille 1990a). Bereits vor der Wende und der deutschen Vereinigung waren *indirekte* Vergleiche zwischen Jugendlichen der DDR und der Bundesrepublik Deutschland möglich, in denen bei der DDR-Jugend die außerordentlich hohe Wertschätzung der Familie festgestellt werden konnte. Mit der hier vorliegenden Untersuchung sind hierzu *direkte* Vergleiche zwischen Jugendlichen in Ost- und Westdeutschland sowie speziell zwischen weiblichen und männlichen Jugendlichen möglich geworden.

In der folgenden Darstellung werden die für die Thematik zentralen und im Zeitvergleich besonders interessanten Aspekte herausgestellt und mit zahlreichen Daten aus der Erhebung belegt:

- Wohnformen der Jugendlichen und berufliche Qualifikation der Elternfamilie;
- Einstellung der Jugendlichen zu ihren Eltern,
  Eltern als Vertrauenspersonen und Gesprächspartner,
  Lebensweise der Eltern als Muster für die eigene Lebensgestaltung;
- Stellenwert von Ehe und Familie im eigenen Lebensplan,
  Daten zu Familienstand, Erstheiratsalter, Kinderzahl,
  Vorstellungen zu Partnerschaft und Familie;
- Vereinbarkeit von Familie und Beruf als ein Spezialproblem der weiblichen Jugend in Ost und West ?

1. Wohn- und Lebensverhältnisse

Für die Einstellung zur Elternfamilie und ebenfalls zur (künftigen) Partnerschaft, Familiengründung und Elternschaft sind die Lebens- und Wohnverhältnisse von Wichtigkeit. Von den befragten 15- bis 25jährigen leben immerhin (noch) ca. 60% bei den Eltern bzw. bei Mutter oder Vater. Darunter ist der Anteil der männlichen Jugendlichen in Ost- und Westdeutschland deutlich höher als der weiblichen Jugendlichen. Demgegenüber leben mehr Mädchen als Jungen mit Freund/in oder Ehepartner/in zusammen.

Tabelle 27: Wohngesellung (Frage 64)

	West		Ost	
	m. %	w. %	m. %	w. %
bei den Eltern	55	48	56	46
beim Vater	1	1	2	2
bei der Mutter	6	5	6	6
mit Freund/Freundin	8	12	9	13
mit Ehepartner/Partnerin	4	8	9	17
in einer Wohngemeinschaft	4	5	2	1
bei den Großeltern/Verwandten	1	1	1	1
in einem Wohnheim/Internat	3	2	3	3
allein	15	14	10	9

Quelle: Forschungsinstitut der Konrad-Adenauer-Stiftung, Archiv-Nr. 9104

Die meisten Jugendlichen sind in einer Familie mit Geschwistern aufgewachsen.

Tabelle 28: Geschwister (Frage 65)

	West		Ost	
	m. %	w. %	m. %	w. %
ja	77	77	76	78
nein	21	21	23	21

Quelle: Forschungsinstitut der Konrad-Adenauer-Stiftung, Archiv-Nr. 9104

Interessant sind die Zusammenhänge zwischen der räumlichen „Nähe“ zu den Eltern und der Stimmungslage der Jugendlichen (s. Kap. II). Diejenigen Jugendlichen, die bei den Eltern bzw. bei Mutter/Vater wohnen, äußern generell mehr Zuversicht, Optimismus und Zufriedenheit – und deutlich weniger Angst. Sie setzen auch mehr Vertrauen in den Staat und in die staatlichen Institutionen. Derartige Zusammenhänge wurden ähnlich bei früheren Untersuchungen westdeutscher Jugendlicher festgestellt (s. Jaide/Veen 1989).

Ein weiteres Kennzeichen der familiären Situation und somit der Lebenssituation der Jugendlichen ist die *sozio-ökonomische Struktur* (bzw. der Status) der Elternfamilie (der befragten Stichprobe), die sich u.a. durch die Berufsangaben für die Eltern definieren läßt. Dabei ist erfahrungsgemäß die Eindeutigkeit der Antworten und die Entsprechung der Kategorien zwischen Ost und West (Beamter?, Landwirt?) problematisch (s. Hille/Jaide, 1990). Dennoch treten einige unterschiedliche Tendenzen zwischen Ost und West sowie zwischen Vätern und Müttern deutlich hervor, die für die Lebensperspektiven der Jugendlichen hinsichtlich Familie und Beruf relevant sein dürften.

Tabelle 29: Berufsgruppe von Vater und Mutter (Fragen 62, 63):

	West		Ost	
	Vater %	Mutter %	Vater %	Mutter %
Erwerbstätige ohne abgeschlossene Qualifikation	4	10	2	5
Facharbeiter	27	7	39	33
Fachangestellter	13	20	9	22
Leitender Angestellter	16	4	18	9
Beamter mittlerer Dienst	9	3	7	7
Beamter gehobener Dienst	9	2	3	2
Freie Berufe	5	2	3	2
Landwirt	2	1	3	2
Selbständig	11	4	7	4
Hausmann, Hausfrau, nicht berufstätig	1	43	1	8
Keine Antwort	3	5	5	7

Quelle: Forschungsinstitut der Konrad-Adenauer-Stiftung, Archiv-Nr. 9104

Interessant sind Vergleiche zwischen Müttern in Ost- und Westdeutschland. Im Osten sind weniger Mütter ohne formale Qualifikation. Auffällig ist das aus DDR-Zeiten resultierende anachronistische Übergewicht der Facharbeiter bei Frauen und Männern, was mit der Überallokation der Erwerbstätigen im Sektor Produktion und der Unterallokation in den Dienstleistungsberufen zusammenhängt. Im Westen überwiegen unter den Müttern die Fachangestellten. Außerdem ist der Anteil der nicht berufstätigen Hausfrauen deutlich höher als im Osten.

2. Einstellung zu den Eltern

Nach den meisten Jugendbefragungen der letzten zwei Jahrzehnte wird das Verhältnis der jungen Generation zu den eigenen Eltern überwiegend positiv eingeschätzt. Das wird durch die vorliegende Untersuchung bestätigt. Die Eltern figurieren als Vertrauenspersonen in Ost und West an erster Stelle.

Tabelle 30: Vertrauenspersonen (Frage 8)

„Wenn Sie jemanden brauchen, mit dem Sie über Ihre persönlichen Probleme reden könnten, an wen wenden Sie sich dann?“ (Mehrfachnennungen)

	West		Ost	
	m.	w.	m.	w.
	%	%	%	%
Eltern, Vater, Mutter	53	54	63	65
Geschwister	22	24	20	24
andere Verwandte	8	9	10	10
Bekannte/Clique	31	27	24	17
Freund	42	49	37	46
Freundin	42	49	38	42
Schul-/Arbeitskameraden	14	12	17	13
Lehrer/Vorgesetzte	3	3	3	4
Pfarrer	1	2	2	1
niemand	3	31	3	2

Quelle: Forschungsinstitut der Konrad-Adenauer-Stiftung, Archiv-Nr. 9104

Die familiale Vertrauensbasis ist (und war) bei den Jugendlichen in Ostdeutschland noch stärker ausgeprägt. Das hängt zusammen mit der besonderen Funktion der *Familie* unter den Bedingungen des DDR-Systems. Sie bot Rückzug und teilweise auch Schutz gegen Zugriffe und Einflußnahme staatlicher Instanzen.

Bei den Mädchen spielen allerdings Freund/in als Gesprächspartner und Vertrauensperson in Ost und West eine ähnlich wichtige Rolle wie die Eltern. Generell lösen sich die Mädchen früher aus der Elternfamilie und binden sich früher an einen festen Freund (s.o.).

Die positive Zuwendung zu den Eltern ist über einen längeren Zeitraum konstant hoch geblieben (Hille 1985, 1990a).

Im Vergleich zu früheren Befragungen spielen bei den westlichen Jugendlichen die Eltern in der vorliegenden Umfrage sogar eine noch größere Rolle (z.B. EMNID 1986 bei 13- bis 24-Jährigen: 45%). Die Quoten der ostdeutschen Jugendlichen entsprechen früheren Befunden des ZIJ.

Die Bindung an die Eltern schwächt sich mit zunehmendem Lebensalter und dem Eintritt in den Beruf ab. Sie bleibt umso stärker, je höher die Berufsqualifikation des Vaters und/oder der Mutter ist.

Einen äußerst geringen Einfluß haben *„Amtspersonen“* als Vertrauens- und Ansprechpartner. Das gilt für Lehrer und Vorgesetzte in Ost und West. Die generell abnehmende Identifikation mit den Erwachsenen im Westen schließt also kaum die Eltern ein.

Die im Vergleich zu den ostdeutschen Jugendlichen etwas stärkere Bevorzugung der *gleichaltrigen Freunde* bei den westdeutschen Jugendlichen mag in Zusammenhang stehen mit emanzipatorischen Tendenzen einer verlängerten Adoleszenz, die sich zugunsten der Gleichaltrigen auswirken. Sie bringen zugleich – im Gegensinn – eine längere Beanspruchung der Elternfamilie mit sich (Allerbeck/Hoag 1985; Jaide/Veen 1989). Unter den DDR-Bedingungen dürfte die Uniformierung der Gleichaltrigen eher Distanz zu ihnen geschaffen haben, die sich aktuell durch den sozialmobilisatorischen Konkurrenzdruck noch verstärken könnte.

Beachtlich sind die Zusammenhänge zwischen einem positiven vertrauensvollen Verhältnis zu Eltern und Freunden und den Stimmungen der Jugendlichen. Positive Stimmungen, optimistische Bewertungen und Lebenszufriedenheit treten stärker hervor bei einem positiven Bezug zur Elternfamilie und zugleich zu Freund oder Freundin. Dies zeigt sich im Westen noch deutlicher als im Osten. Dagegen korreliert die Aussage, „niemand" als Vertrauensperson zu haben, mit eher unzufriedenen und pessimistischen Stimmungen und Einschätzungen.

Im Westen zeichnet sich eine „Spaltung" in zwei Richtungen ab. D.h.: positiver Elternbezug „macht" zufriedener, die Bevorzugung der Gleichaltrigen eher unzufriedener und kritischer gegenüber den bestehenden politischen und gesellschaftlichen Verhältnissen.

Von den Jugendlichen in Ostdeutschland wird sowohl bei positiven Vertrauensbezügen zu Eltern als auch zu Freunden das politische System eher kritisch beurteilt. Dies hat eine längere Tradition, die bereits aus den Zeiten vor der Wende resultiert. Denn nur in der Familie und im informellen Freundeskreis war es zu DDR-Zeiten möglich, relativ risikofrei Kritik an den bestehenden Verhältnissen zu üben.

Fast wie ein Widerspruch zu dem positiven Vertrauensverhältnis zu den Eltern lauten die Antworten der Jugendlichen auf die Frage, ob sie ähnlich wie ihre Eltern leben möchten:

Tabelle 31: Lebensweise (Frage 37)
„Ich möchte anders leben als die Eltern."

	West		Ost	
	m.	w.	m.	w.
	%		%	
+3 / +2	33	30	42	37
+1	15	17	15	14
0	26	28	26	28
-1	10	11	6	5
-2 / -3	14	12	11	16

Quelle: Forschungsinstitut der Konrad-Adenauer-Stiftung, Archiv-Nr. 9104

In früheren Jugendstudien (z.B. in der Intervallstudie von EMNID 1975, 1986) haben westliche Jugendliche das Votum „Leben wie die Eltern" häufiger bejaht (1975 mit 35% und 1986 mit 36%). Dabei handelte es sich allerdings um 13- bis 24jährige. Außerdem mag die gegenläufige Frageformulierung die Antworten beeinflußt haben. Besonders deutlich bekunden die ostdeutschen Jugendlichen den Wunsch, anders zu leben als ihre Eltern.

3. Stellenwert von Familie und Ehe

Die Einstellungen zu Partnerschaft und Familie sind in Relation zum *Familienstand* zu betrachten.

Die Zahl derer ohne *festen Partner* ist insbesondere unter den männlichen Jugendlichen beachtlich hoch, der Anteil von Paaren, die ohne Trauschein zusammenleben, relativ gering.

Tabelle 32: Familienstand und Partnerbindung (Frage 53)

	West		Ost	
	m.	w.	m.	w.
	%		%	
ohne festen Partner/in	52	41	54	36
mit festem Partner/in	28	31	23	26
mit Partner zusammenlebend	7	11	10	14
verheiratet	3	8	10	20
verwitwet/geschieden	–	1	1	2

Wie die schwächere Repräsentation der *Jüngeren* in der Stichprobe die Werte modifiziert, zeigen die prozentualen Anteile in der folgenden Tabelle an:

ohne festen Partner	insgesamt	West	Ost
	%	%	%
15 bis 17 Jahre	74	72	78
18 bis 25 Jahre	40	41	37

Quelle: Forschungsinstitut der Konrad-Adenauer-Stiftung, Archiv-Nr. 9104

Bei den ostdeutschen Jugendlichen ist der Anteil der Verheirateten und jungen Eltern beträchtlich höher. Ihre relativ kürzere Bildungs- und Entwicklungsphase sowie die speziellen Lebensverhältnisse in der DDR (u.a. Wohnungsmangel, insbesondere für nicht Verheiratete, Bevorzugung junger Familien) spielten dabei eine Rolle.

Tabelle 33: Kinder und Heiratsalter (Frage 54)
„Haben Sie Kinder?"

	West		Ost	
	m.	w.	m.	w.
	%		%	
ja	3	8	13	28
nein	92	88	85	71
Erstheiratsalter	West		Ost	
	m.	w.	m.	w.
	Jahre		Jahre	
1989	28	26	25	23

Quelle: Forschungsinstitut der Konrad-Adenauer-Stiftung, Archiv-Nr. 9104

Die Privilegierung der legitimierten Ehe und Familie in der Ex-DDR, für die eine gezielte Förderung vorgesehen war, hatte Wirkungen gezeigt. Die Quote der (häufig außerehelich) geborenen Kinder war bei den weiblichen Jugendlichen Ost im Alter von 15 bis 25 Jahren besonders hoch. Die soziale Absicherung des Status der alleinstehenden Mutter in der ehemaligen DDR hatte diese Tendenzen teils in offiziell unerwünschter Richtung forciert. Unzureichende sexuelle Aufklärung und Verhütung (die teils „nachträglich" über Abtreibung praktiziert wurde) waren negative Begleitumstände (Hille 1985, 1990a).

Über den *Stellenwert*, den die Jugendlichen der geschlechtlichen Partnerschaft sowie Ehe und Elternschaft zumessen, geben die folgenden Daten Auskunft. Sie bestätigen im wesentlichen die in den letzten zwei Jahrzehnten feststellbaren Tendenzen (Jaide/Veen 1989):

Tabelle 29: Lebensziele (Frage 37)

„Ich möchte mit meinem Freund/Partner / meiner Freundin/Partnerin glücklich zusammenleben."

	West		Ost	
	m.	w.	m.	w.
	%		%	
+3 / +2	78	81	87	90
+1	10	9	5	5
0	9	7	6	4
-1	1	1	1	1
-2 / -3	1	1	1	–

„Für mich ist Treue in der Partnerschaft besonders wichtig."

+3 / +2	74	79	83	89
+1	11	8	8	6
0	9	8	5	4
-1	2	1	–	1
-2 / -3	2	2	2	1

„Ich möchte Kinder haben und ein glückliches Familienleben führen."

+3 / +2	54	61	76	80
+1	16	16	10	7
0	19	14	10	7
-1	3	3	2	3
-2 / -3	6	4	3	3

Entsprechend fallen die Stellungnahmen zu der Gegenthese aus:

„Wer heute noch Kinder in die Welt setzt, handelt verantwortungslos."

+3 / +2	5	5	4	5
+1	6	5	4	6
0	16	16	14	15
-1	12	12	10	7
-2 / -3	57	60	68	67

Quelle: Forschungsinstitut der Konrad-Adenauer-Stiftung, Archiv-Nr. 9104

Beachtlich ist der im Vergleich noch höhere Stellenwert von Familie und Familienleben bei den ostdeutschen Jugendlichen. Dem entsprechen frühere Untersuchungen in der DDR (s. Hille 1985) und Ergebnisse bei Jugendlichen im Raum Leipzig in einer Untersuchung Ende 1990/Anfang 1991 (s. Jaide/Hille, 1992):

Unter den erwünschten Lebenszielen votieren in dieser Untersuchung (1992) für:

	weiblich	männlich
„treuen Lebenspartner haben/finden“	88 bis 99%	89 bis 97%
„ein Familienleben mit Kindern haben“	64 bis 87%	72 bis 87%
„glückliches Familienleben“	88 bis 97%	91 bis 100%

Die positive Einstellung zur Familiengründung hat „Tradition“ in beiden Teilen Deutschlands, die in der Ex-DDR durch die Familiengesetzgebung und eine gezielte Sozialpolitik zusätzlich unterstützt wurde (Hille 1985.)

In einer Studie des Leipziger Zentralinstitut für Jugendforschung (1987) erhielt die Vorgabe: „Familie gründen/Kinder anschaffen“ mit 90% (weiblich) bzw. 80% (männlich) eine ebenfalls hohe Zustimmung.

Bei westdeutschen Jugendlichen (Jaide/Veen 1989, S. 65-74) finden sich ähnlich positive Wertschätzungen für Partnerschaft, Treue, Familie. Z.B. entschieden sich für ein „glückliches Familienleben mit Kindern“: 71% in der EMNID-Umfrage 1975 und ebenfalls 71% in der Jugendstudie der Konrad-Adenauer-Stiftung 1983.

4. Familie und Beruf

Als Hauptproblem figuriert nach wie vor die Frage nach der Kombination von Ehe, Mutterschaft, Familienleben und Beruf vornehmlich für die jungen Frauen (s. Kap. IV).

Dabei zeigen sich beachtliche geschlechtsspezifische Unterschiede – und auch bedeutende Differenzen zwischen Ost und West. Eine „traditionelle“ Einstellung tritt etwas häufiger bei den Westdeutschen, vor allem bei den männlichen Jugendlichen auf.

Sie manifestiert sich z.B. in der Frage nach Unterbrechung oder Abbruch der Berufstätigkeit zugunsten der Familientätigkeit aufseiten der Mütter. Demgegenüber sind die Mädchen, obwohl sie die Familie noch etwas höher bewerten als die Jungen, nur noch selten zur Aufgabe des Berufes bereit. Dafür ist das inzwischen erreichte höhere Ausbildungsniveau der Mädchen mit in Anschlag zu bringen (s. Kap. VI). Aus solchen diskrepanten Erwartungen können Spannungen zwischen den Geschlechtern in der künftigen Partnerschaft resultieren.

5. Zusammenfassung

Das Verhältnis zur Elternfamilie entspricht in der vorliegenden Studie den positiven Tendenzen der bisherigen Umfragen in West- und Ostdeutschland. Als Bezugs- und Vertrauenspersonen spielen die *Eltern* nach wie vor eine sehr wichtige Rolle. Zugleich wird der Einfluß der *gleichaltrigen Freunde* im Westen – im Trend der demokratischen Kulturen – relativ höher eingeschätzt als im Osten. Die im DDR-Sozialismus vorherrschende Totalorganisation und Indoktrination der Gleichaltrigen beeinträchtigte teilweise die Beziehungen untereinander, während die Eltern eher Schutz, Schonraum und Möglichkeit der offenen Aussprache gegenüber den Einflüssen des Systems gewähren konnten. Allerdings entwickelten sich auch im Osten zunehmend informelle, nicht organisierte Cliquen Gleichaltriger außerhalb des staatlich organisierten „Jugendlebens" (s. Hille/Jaide 1990).

Die Neigung zu relativ frühzeitiger beständiger *partnerschaftlicher Bindung* („Treue") ist bei Jugendlichen in Ost und West ähnlich stark ausgeprägt. Ehe und Elternschaft werden allerdings bislang von den ostdeutschen Jugendlichen in früherem Lebensalter als von den westdeutschen realisiert. Das wurde vor allem durch die speziellen Lebensverhältnisse in der DDR (Wohnung, Haushalt, Arbeit, familienbezogene Sozialpolitik) begünstigt.

In der Lebensplanung wird die *lebenslange Kombination* von Familie und Beruf ausdrücklich von den weiblichen und noch entschiedener von den ostdeutschen weiblichen Jugendlichen angestrebt. Übereinstimmend wird in Ost und West der Familie und vor allem der Betreuung der Kleinkinder ein ebenso hoher Rang wie dem Beruf zugewiesen.

Die positive Wertschätzung der Familie – und zwar der Elternfamilie wie der eigenen Familie – ist beachtlich und im Zeitvergleich stabil geblieben. Hervorzuheben ist dabei, daß die heutigen jungen Mädchen und Frauen in Ost und West beides wünschen: Familie *und* Beruf! Es gilt deshalb künftig, mehr Flexibilität und Vielfältigkeit in der Verwirklichung von Familien- und Berufstätigkeit für beide Geschlechter in Ost und West zu ermöglichen und mit entsprechenden Maßnahmen zu fördern. Die Hausfrauen-Ehe und -Familie mit langfristig nicht erwerbstätiger Ehefrau und Mutter ist keine mehrheitsfähige Alternative mehr für heutige junge Leute – weder in Ost- noch in Westdeutschland. Das belegen die Daten eindeutig. Von der Realisierbarkeit *beider* Lebensbereiche – Familie *und* Beruf – wird es wesentlich abhängen, ob es künftig gelingen wird, die jungen Mädchen und Frauen der ehemaligen DDR mehr als bisher zu gewinnen. Bislang sind bei ihnen Widerlager und Distanzen festzustellen (s. Kap. VI). In dieser Frage könnte politischer Zündstoff liegen, der nicht zu unterschätzen ist.

Kapitel IV

Jugend und Beruf

Walter Jaide; Barbara Hille

Seit Jahrzehnten zeichnet sich bei Jugendlichen im östlichen und westlichen Deutschland eine übereinstimmend hohe Wertschätzung der Berufstätigkeit ab (s. Jaide/Hille 1977; Jaide/Veen 1989, Hille/Jaide 1990).

Wieweit in den neuen Bundesländern die politische Wende, vor allem der wirtschaftliche Zusammenbruch und die Probleme des Arbeitsmarktes auf die Einstellungen der Jugendlichen Einfluß genommen haben, läßt sich aus den hier vorgelegten Vergleichsdaten nach der Wende ablesen.

Dabei sind die folgenden Themen zu untersuchen:

- der Stellenwert der Arbeit im Zusammenhang mit den übrigen Lebensbereichen und generellen Erwartungen bzw. Befürchtungen
- die wichtigsten Motive für Berufswahl und Berufstätigkeit
- die Einstellungen zur beruflichen Leistung
- die Zufriedenheit mit Schule, Ausbildung und Arbeitstätigkeit
- die spezielle Situation und die entsprechende Bewußtseinsbildung der arbeitslosen Jugendlichen.

Zunächst gibt die berufliche Plazierung der Befragten zum Zeitpunkt der Untersuchung wichtige Hinweise u.a. auf die bislang erreichten Qualifikationen sowie auf die Anteile von Berufstätigen und Nichtberufstätigen.

Tabelle 35: Qualifikation und Berustätigkeit (Frage 1)

	West	Ost
in Schule/Hochschule	1.357	572
in Ausbildung	480	291
im Beruf	906	759
arbeitslos	88	172
Bundeswehr/Zivildienst	71	34
nicht berufstätig/Hausfrau	96	50
Rest/sonstige Angaben	117	14
	3.115	1.892

Quelle: Forschungsinstitut der Konrad-Adenauer-Stiftung, Archiv-Nr. 9104

Erwartungsgemäß machen unter den ostdeutschen Jugendlichen die bereits Berufstätigen den größten Anteil aus, unter den westdeutschen die Schüler/innen und Hochschüler/innen.

1. Stellenwert der Arbeit

Die Einstellungen zu Ausbildung und Beruf stehen im Zusammenhang mit der Wertschätzung, die die Jugendlichen diesem Lebensbereich generell zumessen. Der Stellenwert der Arbeit hängt seinerseits ab von der Beurteilung von Ausbildung und Beruf im herrschenden System bzw. dessen Veränderungen. Während im Westen der Zulauf zu den mittleren und höheren schulischen und beruflichen Qualifikationen zugenommen hat (Bildungsexpansion) und damit der Zeitpunkt des Berufseintritts altersmäßig beträchtlich verschoben wurde, herrschte in der DDR bei relativ kurzfristiger Allgemeinbildung und Berufsbildung eine eindeutige ideologische Präferenz für die Berufsarbeit bei beiden Geschlechtern und in allen Lebensaltern vor (s. Arbeitsgesetzbuch der DDR 1977; Familiengesetzbuch der DDR 1975). Die ideologische und gesetzgeberische Leitlinie zur (Über-)Betonung der Arbeit vor allen übrigen Lebensbereichen wurde durch entsprechende betriebliche Kampagnen, Selbstverpflichtungen, Übersollerfüllungen und Sanktionen unterstrichen. Die Auszeichnung durch gute Arbeit wurde jedem Jugendlichen zur Aufgabe und Pflicht gemacht (s. 3. Jugendgesetz der DDR 1974). Dementsprechend weisen Umfrage-Ergebnisse des ZIJ/Leipzig aus den Jahren 1975 bis 1989 eine hohe personale Wertschätzung von guter Arbeit und beruflicher Tüchtigkeit aus. Diese Präferenz läßt sich auch in der vorliegenden Umfrage (1991) nachweisen, wobei die Bewertungen der Arbeit durch die ostdeutschen Jugendlichen graduell noch positiver ausfallen als bei den westdeutschen Befragten. Dabei haben die ostdeutschen Jugendlichen nach dem Umbruch und trotz neuer, zum Teil negativer Erfahrungen ihre positiven Einstellungen gegenüber der Arbeit kaum verändert – sogar die Arbeitslosen unter ihnen nur in geringem Maße. Tendenziell sind die Übereinstimmungen in diesem Bereich zwischen west- und ostdeutschen Jugendlichen sehr groß.

Die folgenden Fragen geben darüber Auskunft:

Tabelle 36: Lebensziele (Frage 10)
„Eine Arbeit haben, die Sie erfüllt, in der Sie aufgehen können."

	West %	Ost %
sehr große Bedeutung	43	55
große Bedeutung	40	34
mittlere Bedeutung	12	9
geringe Bedeutung	2	1
überhaupt keine Bedeutung	1	–

Quelle: Forschungsinstitut der Konrad-Adenauer-Stiftung, Archiv-Nr. 9104

Auf die Wichtigkeit der Arbeit zielt folgender Wunsch:

Tabelle 37 (Frage 37 C)
„Ich möchte beruflich Karriere machen."

	West %	Ost %
+3 / +2 / +1	77	81
0	14	13
-1 / -2 / -3	10	7

Das relative Übergewicht der positiven Voten der Ostdeutschen wird unterstützt durch ihre etwas geringere Wertschätzung für Privatismus und Hedonismus (Fragen 10 F, 28 H, 37 L).

Dementsprechend wird in einer Umfrage bei Leipziger Jugendlichen im Winter 1990/1991 eine „berufliche Tätigkeit, die ausfüllt" je nach Altersgruppe (14 bis 25 Jahre) sogar von 90 bis 100% (männlich) bzw. 97 bis 100% (weiblich) bejaht. Mit ähnlich hohen Quoten wird berufliche Weiterbildung gewünscht (Jaide/Hille 1992).

Dem entspricht auch das Ergebnis einer Befragung des Deutschen Jugendinstituts im Sommer 1990: „Eine interessante Arbeit, die mir etwas bedeutet" wünschten nahezu sämtliche befragten Schüler/innen (DDR; sehr stark 73,7% , stark 23,6%).

Lebensbereiche wie Beruf – Familie – Freizeit – Politik stehen bei vielen (jungen) Bürgern in Interaktion oder Konkurrenz zueinander. In den meisten Umfragen stellen die Jugendlichen West Beruf und Freizeit als koagierende Lebensbereiche heraus (s. Jaide/Veen, 1989, 107-111).

In dieser Untersuchung wurde die Frage nach der Konkurrenz bzw. dem Stellenwert von Familie und Beruf gestellt. Die Vergleiche zwischen den Jugendlichen in beiden Teilen Deutschlands und zwischen männlichen und weiblichen Jugendlichen zeigen erneut die seit langem in empirischen Untersuchungen nachgewiesenen Differenzen vor allem zwischen weiblichen und männlichen Jugendlichen (vgl. Jaide/Hille 1977; Hille/Jaide 1990).

Tabelle 38: Familie und Beruf (Frage 45)

„Welche Bedeutung hat für Sie die eigene Familie gegenüber Ihrem Beruf."

	West		Ost	
	m.	w.	m.	w.
	%		%	
Familie wichtiger als Beruf	44	50	35	43
Familie gleich wichtig	49	45	62	55
Familie weniger wichtig	5	3	3	2

Quelle: Forschungsinstitut der Konrad-Adenauer-Stiftung, Archiv-Nr. 9104

Die etwas höhere Präferenz für die Familie im Westen mag unterstützt werden durch den vergleichsweise hohen Lebensstandard, der die Alternative der Nichtberufstätigkeit (der Ehefrau/Mutter) erst möglich macht. Die Ostdeutschen neigen mehr zu einer gleichrangigen Zuordnung von Beruf und Familie – auch die weiblichen Ostdeutschen. Das in der DDR seit langem verankerte Prinzip der Gleichberechtigung durch den Beruf dürfte dabei eine prägende Rolle gespielt haben:

„Durch die Eheschließung darf die Frau nicht gehindert werden, einen Beruf auszuüben oder einer beruflichen Ausbildung und ihrer gesellschaftlichen und politischen Fortbildung nachzugehen, auch wenn hierdurch eine zeitweilige Trennung der Eheleute bedingt wird" (§ 15 Familiengesetzbuch der DDR).

Die Hochschätzung des Berufes insbesondere bei den weiblichen Jugendlichen Ost in Relation zur Familie deutet sich ebenfalls in den bevorzugten Lösungen für die generative Phase an:

Tabelle 39: Generative Pause (Frage 43)

„Wie stehen Sie persönlich zu den folgenden Aussagen: Die Frau sollte den Beruf aufgeben, wenn in der Familie Kinder zu betreuen sind?"

	West		Ost	
	m.	w.	m.	w.
	%		%	
stimme zu	23	19	14	8
stimme teilweise zu	49	50	51	40
stimme nicht zu	27	31	35	51

Quelle: Forschungsinstitut der Konrad-Adenauer-Stiftung, Archiv-Nr. 9104

Die weiblichen Jugendlichen *Ost* wünschen somit ausdrücklich die lebenslange Fortsetzung der Erwerbsarbeit (oder zumindest „teilweise": Summe 91%!). Dieses eindeutige Votum wird zweifellos auch von der großen Mehrheit der erwachsenen Frauen getragen. Dabei stand der Beruf bislang der Familie formal nicht entgegen:

„Die Beziehungen der Ehegatten zueinander sind so zu gestalten, daß die Frau ihre berufliche und gesellschaftliche Tätigkeit mit der Mutterschaft vereinbaren kann" (§ 10 Familiengesetzbuch).

Auch das im Vergleich zu den westlichen jungen Erwachsenen frühe Erstheiratsalter und die frühe Familiengründung stehen dem Wunsch nach kontinuierlicher Berufstätigkeit bislang nicht im Wege:

Tabelle 40: Heiratsalter

	West		Ost	
	m.	w.	m.	w.
	Jahre		Jahre	
1989	28	25,5	25,3	23,2

Quelle: Forschungsinstitut der Konrad-Adenauer-Stiftung, Archiv-Nr. 9104

2. Motivationen

Die beachtlich positive Wertschätzung von Arbeit/Beruf in Ost und West läßt sich veranschaulichen durch die Motive, die für die Berufswahl eine Rolle spielen (vgl. Kap. VI):

Tabelle 41: Berufswahlmotive (Frage 4)

„Ganz allgemein: Welche Gründe sind für Sie persönlich am wichtigsten für Ihre Berufswahl?" (Mehrfachnennungen)

	West		Ost	
	m.	w.	m.	w.
	%	%	%	%
gute Verdienstmöglichkeiten	38	34	*45*	34
humane, menschliche Arbeitsbedingungen	21	25	18	22
etwas für andere Menschen tun	13	21	13	31
sicherer Arbeitsplatz	25	25	*40*	32
Selbständigkeit	24	25	23	27
eine mich persönlich befriedigende Aufgabe	*40*	*44*	30	*43*
im Leben vorwärts kommen	21	16	29	22
die Wünsche meiner Eltern berücksichtigen	2	3	2	3
von meinen Freunden anerkannt werden	3	3	4	4
Rest (sonstige Motive)	35	34	25	24

Quelle: Forschungsinstitut der Konrad-Adenauer-Stiftung, Archiv-Nr. 9104

Das Motiv „eine mich persönlich befriedigende Aufgabe" steht an erster Stelle bei den westdeutschen Jugendlichen, besonders bei den weiblichen Jugendlichen in West *und* Ost (!). Demgegenüber haben bei den männlichen Jugendlichen in Ostdeutschland „gute Verdienstmöglichkeiten" und „sicherer Arbeitsplatz" den Vorrang.

Das Motiv „etwas für andere Menschen tun“ figuriert als traditionell „weibliche“ Präferenz, stärker noch bei den Ostdeutschen.

Interessanterweise verschieben sich die Präferenzen nach der Berufseinmündung:

Tabelle 42: Berufseinmündungsmotive (Frage 6)

„Warum haben Sie sich gerade für diesen Beruf entschieden?“ (Mehrfachnennungen)

	West		Ost	
	m.	w.	m.	w.
	%	%	%	%
gute Verdienstmöglichkeiten	*50*	*40*	*41*	33
humane, menschliche Arbeitsbedingungen	18	20	12	16
sicherer Arbeitsplatz	*47*	*40*	34	27
Selbständigkeit	22	21	21	16
eine mich persönlich befriedigende Aufgabe	33	*38*	32	*38*
im Leben vorwärts kommen	27	20	23	15
die Wünsche meiner Eltern berücksichtigen	7	8	7	6
von meinen Freunden anerkannt werden	4	4	3	2
Rest (andere Angaben)	6	9	8	11

Quelle: Forschungsinstitut der Konrad-Adenauer-Stiftung, Archiv-Nr. 9104

Bei den weiblichen Jugendlichen Ost ist die Diskrepanz zwischen Wunsch und Wirklichkeit zu*un*gunsten von „Selbständigkeit“ und „Vorwärtskommen“ beeindruckend. Bei den Westdeutschen gewinnen „Sicherheit“ und „Verdienstmöglichkeiten“ in der Realentscheidung ein deutlich höheres Gewicht.

Auffällig ist wiederum die im ganzen bestehende Analogie in der *Motivationsstruktur* zwischen Ost und West! Dagegen manifestieren die konkreten Differenzen in einzelnen Motiven Unterschiede angesichts der aktuellen Lage, vor allem der Möglichkeiten und Schwierigkeiten auf dem geteilten Arbeitsmarkt von Ost und West.

Die Einschätzung von Beruf/Erwerb hängt zusammen mit den Bedürfnissen nach sozialer Sicherheit. Gerade diese steht in den neuen Bundesländern aktuell in Frage.

3. Leistungsorientierung

In den Zusammenhang der Arbeitseinstellungen gehören die Meinungen über Leistung in Arbeit und Beruf. Diese muß man lesen vor dem Hintergrund der zeitgenössischen Diskussionen und Neubesinnungen über Maß, Niveau, Mitgestaltung, Kontrolle und Bewertung von funktionaler und extrafunktionaler Leistung an der Arbeitsstätte (Jaide 1982). Deshalb will diese Untersuchung auch bestimmte Fragen dazu replizieren (Repräsentative Jugendstudie der

Konrad-Adenauer-Stiftung, 1979, 1983; EMNID, Jugend zwischen 13 und 24, 1986) und in der Zeitreihe verfolgen.

Tabelle 43: Leistungsorientierung (Frage 37)

„Für mich gehören Leistung und Erfolg zum Leben dazu." (Vorgabe A)

„Ich werde versuchen, mich dem Leistungsdruck zu entziehen, weil ich ihn entschieden ablehne." (Vorgabe F)

	West %		Ost %	
	A	F	A	F
+3 / +2 (Zustimmung)	59	14	75	11
+1	21	13	13	8
0	15	25	9	20
-1	3	18	1	13
-2 / -3 (Ablehnung)	2	29	1	47

Quelle: Forschungsinstitut der Konrad-Adenauer-Stiftung, Archiv-Nr. 9104

Sowohl in der Jugendstudie 1983 wie in der EMNID-Umfrage 1986 beliefen sich bei westdeutschen Jugendlichen die Quoten für die Zustimmung zur Vorgabe A auf jeweils 77%.

Die Gegenstimmen im Sinne von Vorgabe F beliefen sich auf 30 bzw. 36%. Beachtlich ist auch hierbei die seit Jahren beobachtete Verschiebung in die unentschiedene Mitte.

Entsprechend den voranstehenden Daten über den Stellenwert der Arbeit tritt bei den Ostdeutschen die Leistungsbereitschaft noch deutlicher hervor als bei den Westdeutschen.

Eine Ergänzung bietet die Frage nach der Einschätzung der generellen Berufschancen:

Tabelle 44: Berufschancen (Frage 9)

Zwei Jugendliche unterhalten sich über ihre künftigen Berufschancen. Der eine sagt: „Wer sich anstrengt, kommt weiter im Leben."

Der andere behauptet dagegen: „Über das eigene Weiterkommen entscheiden letztlich Zufall und gute Beziehungen."

„Welcher Meinung würden Sie sich anschließen?"

	West %	Ost %
Wer sich anstrengt ...	70	77
Über das eigene Weiterkommen ...	24	21

Quelle: Forschungsinstitut der Konrad-Adenauer-Stiftung, Archiv-Nr. 9104

In den Umfragen des EMNID-Instituts 1975 und 1986 hielten die westdeutschen Jugendlichen die These, „daß jeder, der fleißig und tüchtig ist, es bei uns zu etwas bringen kann", für sehr richtig und überwiegend richtig mit

Quoten von 59% (1975) bzw. 50% (1986). Bei diesen Fragen traten geschlechtsspezifische Unterschiede kaum in Erscheinung.

Hierbei geht es um eine indirekte Einschätzung des Arbeitssystems, d.h. wie weit es gerechte Sanktionierungen (durch Auswahl, Entlohnung, Aufstieg) zuläßt bzw. festlegt. Darauf bezieht sich ausdrücklich die folgende Frage auf das – für die Ostdeutschen neue – System der Marktwirtschaft:

Tabelle 45: Leistungsbelohnung in der Marktwirtschaft (Frage 20)

„Man geht in unserer Wirtschaftsordnung – also in der Marktwirtschaft – davon aus, daß derjenige, der viel leistet, auch viel erreichen kann; und daß derjenige, der weniger leistet, auch weniger erreicht." Finden Sie, daß das in Ordnung ist oder finden Sie das nicht in Ordnung?

Ist so in Ordnung			
West		Ost	
m.	w.	m.	w.
%	%	%	%
82	79	83	79

Quelle: Forschungsinstitut der Konrad-Adenauer-Stiftung, Archiv-Nr. 9104
(In der EMNID-Umfrage 1986 stimmten 73% dafür.)

Auch die Antworten auf diese holzschnittartig – und für die Ostdeutschen prospektiv – formulierte *These* unterstreichen die positive Leistungsorientierung und ein entsprechendes Vertrauen in das Wirtschaftssystem – und zwar bei beiden Jugendbevölkerungen.

Eine gewisse Relativierung der Aussagen zur Leistungsorientierung bietet die Einschätzung der gesamtgesellschaftlichen Entwicklung:

Tabelle 46: Wichtigkeit gesellschaftlicher Zielsetzungen (Frage 36)

	Rangplatz 1			Rangplatz	
		m.	w.	m.	w.
	%	%	%		
Daß Sie in einer Gesellschaft leben, die offen ist für neue Ideen und geistigen Wandel.					
insgesamt	27				
West		27	29	2.	2.
Ost		22	21	4.	4.
Daß Sie in einer Gesellschaft leben, in der die Bürger an allen Entscheidungen beteiligt sind.					
insgesamt	29				
West		30	30	1.	1.
Ost		23	30	3.	1.
Daß Sie in einer Gesellschaft leben, in der man es durch Leistung *zu etwas bringen kann.*					
insgesamt	19				
West		21	14	4.	4.
Ost		28	23	1.	3.

Daß Sie in einer Gesellschaft leben, in der Recht und Gesetz geachtet wird.

insgesamt	23				
West		21	24	3.	3.
Ost		26	25	2.	2.

Quelle: Forschungsinstitut der Konrad-Adenauer-Stiftung, Archiv-Nr. 9104

Hierin zeigt sich nochmals das höhere Gewicht, das von den ostdeutschen Jugendlichen auf die berufliche Leistung gelegt wird. Relevant sind bei den Ostdeutschen die geschlechtsspezifischen Wertungsunterschiede: Die Bürgerfreiheit ist den Mädchen wichtiger als der Leistungserfolg; bei den Jungen ist es umgekehrt. Die politische Gleichberechtigung der Bürger gilt den Mädchen – im Rahmen einer allerdings schwierigen Alternativ-Fragegestellung – offenbar mehr als die (faktisch auch nicht vorhandene) Gleichstellung im Berufsleben.

Einen ergänzenden Beitrag zur Arbeitseinstellung und Leistungsbereitschaft liefert eine aus der *Stereotypenforschung* resultierende Fragestellung, wie sich die Jugendlichen in Ost- und Westdeutschland selbst und wie sie sich gegenseitig einschätzen:

„Im folgenden geht es darum, welche Eigenschaften die Jugendlichen in den alten bzw. in den neuen Bundesländern charakterisieren. Wie würden Sie die Jugendlichen in den alten Bundesländern beschreiben?" (Frage 21, 22)

Auf die Alternative „fleißig – faul" verteilen sich die Urteile folgendermaßen auf einer siebenstufigen Skala:

Tabelle 47: Gegenseitige Einschätzung der Jugendlichen in West und Ost (Fragen 21,22)

Die Jugendlichen in den alten *Bundesländern werden eingeschätzt als*

	fleißig 1/2/3		4		faul 5/6/7	
	m	w	m	w	m	w
	%	%	%	%	%	%
von Westdeutschen	58	57	28	30	13	12
von Ostdeutschen	55	49	37	42	7	7

„Und wie sind die Jugendlichen in den neuen *Bundesländern?"*

	fleißig 1/2/3		4		faul 5/6/7	
	m	w	m	w	m	w
	%	%	%	%	%	%
von Westdeutschen	40	40	33	34	24	22
von Ostdeutschen	60	60	31	35	9	5

Quelle: Forschungsinstitut der Konrad-Adenauer-Stiftung, Archiv-Nr. 9104

Die starke Besetzung der mittleren Position besonders durch die weiblichen Befragten bezeugt eine gewisse Konzilianz oder auch Unsicherheit in einer so weitgreifenden, verallgemeinernden Beurteilung. Beachtlich ist bei den westdeutschen Jugendlichen die negativere Einschätzung der Fleißbereitschaft der Jugend in den neuen Bundesländern. Die Ostdeutschen halten sich selber dagegen für etwas fleißiger als die Westdeutschen; die weiblichen Ostdeutschen vergeben das Urteil „faul“ besonders sparsam.

Im Stereotypenvergleich des ZIJ zwischen der DDR-Bevölkerung und der Bevölkerung der alten Bundesländer im Vergleich der Jahre 1968 und 1990 zeigt sich folgendes:

Das Stereotyp „arbeitssam“ wurde 1968 beiden Populationen etwa gleich stark zugewiesen; im Jahre 1990 jedoch vorrangig den Westdeutschen mit 88% gegenüber den Ostdeutschen mit nur 56%. In diesen Veränderungen manifestierte sich eine beachtenswerte Distanzierung der ostdeutschen Jugend gegenüber der eigenen Bevölkerung (nach Jaide/Hille, 1990).

4. Erfahrungen in Schule, Ausbildung und Arbeit

Die geäußerten Meinungen dürften weithin auf konkreten personalen und kollektiven Erfahrungen im Schul- und Berufsleben beruhen, die bei den älteren Jugendlichen im Osten mehr die Endphase des DDR-Systems einschließen als bei den Jüngeren und bei beiden von den Umbruchsprozessen 1990/91 beeinflußt wurden. Veränderungen in Schule/Ausbildung/Beruf gingen damit einher. Bei den Westdeutschen haben sich dagegen im Rahmen der gewohnten Systemverhältnisse nur in geringem Ausmaß Veränderungen vollzogen.

Erfahrungen mit Schule und Ausbildung wurden ermittelt durch die Vorgaben: „Schule/Hochschule macht Spaß ...“ (Frage 2) und: „Arbeit/Ausbildung macht Spaß ...“ (Frage 5). Hierbei werden allerdings keine spezifischen Kriterien für Zufriedenheit mit Schule/Hochschule bzw. Ausbildung/Arbeit erfragt (vgl. Jaide/Veen, 1989, S. 82). Es handelt sich also um eine sehr holzschnittartige Beurteilung der Erfahrungen in Schule und Ausbildung. Dennoch können diese Fragen als Indikatoren für die unterschiedlichen Beurteilungen des Schul- und Arbeitslebens genutzt und zu anderen Variablen in Beziehung gesetzt werden (s. Kap. II).

Wünschenswert wären genauere Einschätzungen über Unterricht, Lehrer, Interaktionsstil, Arbeitsorganisation und -stimmung (vgl. Jaide 1978; Jaide/Veen 1989, S. 78) sowie eine Klärung der Beurteilungskriterien (vgl. SINUS 1983). Diese Ausweitung lag allerdings nicht in der Intention dieser Studie.

Tabelle 48: Einstellungen zu Schule/Hochschule (Frage 2)

	macht Spaß	geht so	ist schwer zum Aushalten
	%	%	%
West	51	41	7
Ost	37	56	6

Quelle: Forschungsinstitut der Konrad-Adenauer-Stiftung, Archiv-Nr. 9104

Die Bekundung von „... macht Spaß" kann sich auf objektive oder/und subjektive Einschätzungen beziehen. Sie kann auch aus einer größeren Anpassungs- bzw. Integrationsbereitschaft oder -fähigkeit bzw. aus einer Erfolgsorientierung herrühren.

Die ostdeutschen Jugendlichen bevorzugen stärker das Urteil „geht so", was in erster Linie ihrer gegenwärtigen Situation in Schule/Hochschule entsprechen dürfte.

Diese Urteile zeigen relevante Zusammenhänge mit Stimmungen bzw. Zufriedenheiten in anderen Lebensbereichen.

Tabelle 49: Befindlichkeit und Schulerfahrung (Fragen 11, 12, 14, 15, 18, 25; 2)

	macht Spaß		geht so		ist schwer zum Aushalten	
	West	Ost	West	Ost	West	Ost
	%	%	%	%	%	%
zufrieden mit Lebenssituation	54	40	40	54	5	5
Zuversicht für die Zukunft	54	41	39	54	6	3
Wirtschaftsentwicklung optimistisch gesehen	55	37	38	57	6	6
Arbeitslosigkeit nicht befürchtet	56	45	37	48	6	5
zufrieden mit Demokratie	61	49	34	46	5	3

Quelle: Forschungsinstitut der Konrad-Adenauer-Stiftung, Archiv-Nr. 9104

Bei mittlerer Schulzufriedenheit äußern die Ostdeutschen zugleich in anderen Lebens- bzw. Themenbereichen relativ hohe Zufriedenheiten.

Die Zufriedenheit z.B. mit der derzeitigen persönlichen Lebenssituation steigt beiderseits an mit dem Lebensalter und dem Bildungsniveau:

Tabelle 50: Lebenssituation und Bildungsniveau (Frage 11)

		zufrieden	einigermaßen zufrieden	teils/teils	eher unzufrieden	unzufrieden
		%	%	%	%	%
Hauptschule	West	30	36	21	7	3
	Ost	29	43	20	6	1
Lehrlinge	West	44	37	14	2	1
	Ost	26	42	24	6	2
Gymnasium/EOS	West	45	36	14	2	2
	Ost	28	43	24	4	1
Hochschüler	West	40	37	15	7	–
	Ost	27	45	24	3	–

Quelle: Forschungsinstitut der Konrad-Adenauer-Stiftung, Archiv-Nr. 9104

Ähnlich bedeutsam sind die Urteile über das Arbeitsleben (Frage 5). Immerhin votieren 61% der befragten Berufstätigen bzw. Lehrlinge für die Vorgabe „Arbeit/Ausbildung macht Spaß".

Tabelle 51: Beurteilung von Ausbildung und Arbeit (Frage 5)

	macht Spaß	geht so	ist schwer zum Aushalten
	%	%	%
West	63	31	3
Ost	53	40	5
In Ausbildung			
West	70	23	3
Ost	45	46	3
Im Beruf			
West	60	35	3
Ost	55	38	5

Quelle: Forschungsinstitut der Konrad-Adenauer-Stiftung, Archiv-Nr. 9104

Auch hierbei zeigt sich (wie bei „Spaß mit der Schule") die relativ geringere Zufriedenheit der ostdeutschen Jugendlichen. Das gilt besonders für die Lehrlinge und weniger für die Berufstätigen nach Abschluß der Ausbildung.

Das größere Ausmaß von Unzufriedenheit bei den ostdeutschen Jugendlichen in bezug auf Schule und Beruf dürfte sowohl mit den neuerlichen Friktionen nach der Wende zusammenhängen als auch mit „Altlasten" aus dem alten System und einer unflexiblen Berufslenkung und eng kanalisierten Berufsausbildung (s. Hille 1990b, 1991a).

Die weiblichen Jugendlichen berichten sowohl im Arbeitsleben wie im schulischen Bereich eher über positive Erfahrungen als die männlichen.

Tabelle 52: Geschlechtsunterschiede (Frage 5)

	Arbeit/Ausbildung macht Spaß %	 geht so %	 ist schwer zum Aushalten %
Weiblich			
alle	63	31	4
West	65	29	3
Ost	54	37	6
Männlich			
alle	59	35	3
West	61	33	3
Ost	54	41	6

Quelle: Forschungsinstitut der Konrad-Adenauer-Stiftung, Archiv-Nr. 9104

Die insgesamt große bis mäßige *Zufriedenheit mit Ausbildung und Arbeit* in den alten Bundesländern deckt sich mit den in der Studie Jaide/Veen (1989) dargestellten Befragungsergebnissen. Die deutlich niedrigere Zufriedenheit in den neuen Bundesländern muß zu den dortigen Schul-, Ausbildungs- und Arbeitsverhältnissen in Beziehung gesetzt werden.

Diejenigen Jugendlichen, die bei den Eltern wohnen, schätzen Arbeit und Ausbildung positiver ein als die anderen:

Tabelle 53: Wohnen und Beurteilung der Arbeit (Fragen 5, 64)

	macht Spaß %	geht so %	ist schwer zum Aushalten %
Wohnt bei Eltern			
alle	65	29	3
West	68	25	3
Ost	54	40	4
Wohnt nicht bei Eltern			
alle	57	38	4
West	58	37	4
Ost	53	39	6

Quelle: Forschungsinstitut der Konrad-Adenauer-Stiftung, Archiv-Nr. 9104

Besondere Beachtung verdient die Frage, wieweit positive Arbeitseinstellungen bzw. -zufriedenheit mit den Einschätzungen der wirtschaftlichen Konjunkturen und der (neuen) Systemstrukturen zusammenhängen (Fragen Nr. 14 bis 17), wobei man allerdings zwischen Einstellungen und Realitäten einen weiten Spielraum unterstellen darf. In ihn muß man ein Mehr oder Weniger an Informationen und an Urteilskompetenz bei den Befragten einkalkulieren.

Die Urteile über die wirtschaftliche Entwicklung in den neuen Bundesländern sind in Ost und West verständlicherweise sehr negativ (76% schlecht/sehr schlecht); das entspricht auch den Umfragen des ZIJ/Leipzig im Juni 1990 und September 1990.

Dagegen sticht ab der Optimismus gerade der ostdeutschen Jugendlichen in bezug auf die *künftige* wirtschaftliche Weiterentwicklung in ihren (neuen) Bundesländern: 68% halten sie für sehr gut/gut – gegenüber 55% der westdeutschen Jugendlichen. *Dies ist ein hohes Vertrauenspotential!*

Die positive Einschätzung der Wirtschaftslage geht einher mit einer positiven Arbeitseinstellung. Das ist verständlich, weil damit zugleich eine relativ höhere Zuversicht in die allgemeine und die persönliche Zukunft zusammenhängt – und auch mehr Zufriedenheit mit der Demokratie. In alledem manifestiert sich eine generell positive Stimmungslage und entsprechendes Selbstgefühl, eine Art sozio-professionelles *Zufriedenheitssyndrom* in bezug auf Wirtschaft, Arbeit und Lebenslage.

Zu den Zukunftschancen und Risiken im Lebenslauf, speziell im Beruf, gehört die *Einschätzung der Technik*:

Tabelle 54: Technischer Fortschritt und seine Folgen (Frage 37 B, E)

Die negative Einschätzung „Technischer Fortschritt zerstört unser Leben" (+3/+2/+1) erzielt folgende Zustimmungsquoten:

37 B	West %	Ost %
männlich	34	26
weiblich	44	32
männl. 15 - 17 Jahre	38	32
weibl. 18 - 25 Jahre	38	28

Und dagegen: „Technischer Fortschritt garantiert Lebensstandard" (+3/+2/+1):

37 E	West %	Ost %
männlich	60	64
weiblich	57	57
männl. 15 - 17 Jahre	57	57
weibl. 18 - 25 Jahre	59	62

Quelle: Forschungsinstitut der Konrad-Adenauer-Stiftung, Archiv-Nr. 9104

Die zu geringerem Anteil geäußerte kritische Einschätzung des technologischen Fortschritts geht einher mit einer beachtlichen generellen Unzufriedenheit und mit Befürchtungen für die persönliche und allgemeine Lage – und bei ostdeutschen Jugendlichen auch mit Unzufriedenheit gegenüber der Demokratie.

Die allerdings mehrheitlich geäußerte Zuversicht gegenüber dem technischen Fortschritt als Garant von Lebensstandard korreliert demgegenüber mit allgemeiner Zufriedenheit und Optimismus in beiden Jugendbevölkerungen.

5. Arbeitslose

Alledem stehen entgegen die Schatten einer um sich greifenden und alle Lebensalter und Berufe erfassenden Arbeitslosigkeit in den neuen Bundesländern. Die Integration in die Arbeitswelt im Gegensatz zur Arbeitslosigkeit, diese Alternative hat zweifellos eine/die Schlüsselfunktion für das Gelingen oder Mißlingen der Vereinigung und das Einleben der ostdeutschen Jugendlichen in das westlich demokratische System. Diese Frage war auch zentral für unsere Untersuchung.

Tabelle 55: Furcht vor Arbeitslosigkeit (Frage 18)
„Befürchten Sie, daß Sie einmal arbeitslos werden könnten oder befürchten Sie das nicht?"

	West		Ost	
	m.	w.	m.	w.
	%		%	
ja, befürchte es	25	27	58	57
nein, befürchte es nicht	70	67	32	31
bin zur Zeit arbeitslos (nicht Kurzarbeit)	4	4	9	12

Quelle: Forschungsinstitut der Konrad-Adenauer-Stiftung, Archiv-Nr. 9104

Von den Befragten haben sich als arbeitslos bezeichnet: 8,1%; (Ost); 2,8% (West). Immerhin hatte sich das Angebot an Lehrstellen relativ rasch vermehrt: Im Sommer 1991 (zum Zeitpunkt der Befragung) standen 6.000 unbesetzte Lehrstellen 2.500 nicht vermittelten Bewerbern gegenüber. Im Zuge des Umbruchs werden jedoch weiterhin negative Diskrepanzen zwischen Angebot und Nachfrage mit beachtlichen Ausmaßen auftreten. Arbeitslosigkeit in größerem Umfang ist offensichtlich vor allem das Problem der Erwachsenen in den neuen Bundesländern, auch der jungen Erwachsenen, aber auch der Jugendlichen. Arbeitslose aller Altersgruppen sind von dem Umbruch in sehr negativer Weise betroffen, weil ihnen weniger Ausweichmöglichkeiten, lokale Mobilität und ökonomische Ressourcen zur Verfügung stehen. Und sie sind umgeben von kontroversen und weithin pessimistischen Stimmen über die weitere Entwicklung des Arbeitsmarktes, der in starker struktureller und konjunktureller Bewegung ist.

Somit beeinträchtigt Furcht vor Arbeitslosigkeit die Einschätzung der persönlichen beruflichen Chancen bei den Jugendlichen der östlichen Bundesländer.

Tabelle 56: Zuversicht und Arbeitslosigkeit (Fragen 18, 19)
„Inwieweit werden Sie Ihre beruflichen Vorstellungen verwirklichen können?“

	uneingeschränkt %	im wesentlichen %	teils/teils %	kaum/ überhaupt nicht %	weiß nicht/ keine Antwort %
Gesamtgruppe Ost	9	47	30	11	3
Arbeitslosigkeit					
wird befürchtet	5	43	36	13	3
wird nicht befürchtet	16	63	17	3	1
Arbeitslose	4	20	39	29	8

Quelle: Forschungsinstitut der Konrad-Adenauer-Stiftung, Archiv-Nr. 9104

Außerdem lassen sich Zusammenhänge zwischen befürchteter Arbeitslosigkeit und genereller Zukunftsangst ablesen.

Tabelle 57: Zukunftsangst und Arbeitslosigkeit (Fragen 13, 18)
„Ich habe Angst vor der Zukunft.“

	meistens %	manchmal %	selten %	nie %
Gesamtgruppe Ost	8	37	35	19
Arbeitslosigkeit				
wird befürchtet	8	42	32	17
wird nicht befürchtet	3	29	43	25
Arbeitslose	22	41	20	15

Quelle: Forschungsinstitut der Konrad-Adenauer-Stiftung, Archiv-Nr. 9104

Sowohl die befürchtete wie die tatsächliche Arbeitslosigkeit erweisen sich als ein Schlüsselthema unserer Untersuchung, das zu einem sorgfältigen Vergleich zwischen Arbeitslosen und Nichtarbeitslosen herausfordert sowie zwischen arbeitslosen jungen Leuten in Ost und West. Bei Arbeitslosen und Nichtarbeitslosen zeichnen sich ganz spezifische Merkmalskonturen ab, die in dem folgenden Überblick detailliert aufgelistet sind:

Tabelle 58: Merkmalskonturen bei Arbeitslosen und Nichtarbeitslosen

- Persönliche Anstrengungen wie auch Zufall/Beziehungen werden recht unterschiedlich als Gründe für Berufschancen reklamiert.

	West		Ost	
	Arbeitslose	Gesamtstichprobe	Arbeitslose	Gesamtstichprobe
	%	%	%	%
Anstrengungen	33	*70*	*63*	*77*
Zufall/Beziehungen	*61*	24	36	21

(s. Frage 9)

Dabei fallen die Differenzen zwischen Ost und West ins Auge: Die westdeutschen Stimmen sind „fatalistischer", die ostdeutschen mehr subjektbezogen.

- Unter den Lebenszielen wird „eine Arbeit, die befriedigt" mit deutlich negativer Abweichung, jedoch im Osten mit geringerer Abweichung vom Gesamt, d.h. sehr hoch bewertet.

	West		Ost	
	Arbl.	G.St.	Arbl.	G.St.
	%	%	%	%
sehr große/große Bedeutung	57	*84*	*83*	*90*

(s. Frage 10)

- Zuversicht in die Verwirklichung der eigenen beruflichen Vorstellungen wird von den Arbeitslosen nur selten geäußert.

	West		Ost	
	Arbl.	G.St.	Arbl.	G.St.
	%	%	%	%
uneingeschränkt	2	13	4	9
im wesentlichen	22	56	20	47

(s. Frage 19)

- Dementsprechend wird die Meinung „Ich erreiche, was ich mir vornehme" von den Arbeitslosen seltener geäußert, jedoch im Osten mit geringerer Abweichung von der Gesamtstichprobe.

	West		Ost	
	Arbl.	G.St.	Arbl.	G.St.
	%	%	%	%
meistens	26	61	45	58

(s. Frage 13)

– Die Arbeitslosen sehen der Zukunft überwiegend mit Befürchtungen entgegen.

	West		Ost	
	Arbl.	G.St.	Arbl.	G.St.
	%	%	%	%
eher Befürchtungen	60	20	55	29

(s. Frage 12)

– Die Arbeitslosen sind mit ihrer Lebenssituation wesentlich unzufriedener, ja sie sind die *einzige* Sozialstatusgruppe, die beachtliche Unzufriedenheitsquoten äußert.

	West		Ost	
	Arbl.	G.St.	Arbl.	G.St.
	%	%	%	%
eher unzufrieden	22	4	23	7
unzufrieden	17	1	20	4

(s. Frage 11)

– Auch in den Aussichten auf die persönliche Zukunft äußern die Arbeitslosen in erheblichem Maße, und zwar als einzige Gruppe, pessimistische oder eher pessimistische Ansichten. Immerhin liegt die Hälfte ihrer Stimmen noch auf dem optimistischen Sektor – besonders deutlich im Osten.

	West		Ost	
	Arbl.	G.St.	Arbl.	G.St.
	%	%	%	%
eher pessimistisch als optimistisch	42	9	32	14
pessimistisch	11	1	8	2

(s. Frage 46)

– Angst vor der Zukunft wird von den Arbeitslosen mit Abstand in hohem Maße geäußert.

	West		Ost	
	Arbl.	G.St.	Arbl.	G.St.
	%	%	%	%
meistens	23	4	22	8
manchmal	46	31	42	38

(s. Frage 13 E)

– Bei dem Stereotypenvergleich wird die Einschätzung „fleißig“ für die Ostdeutschen durch die Arbeitslosen Ost (auch durch die Gesamtstichprobe Ost) vermutlich in einer Art Trotzhaltung besonders hoch reklamiert.

	West		Ost	
	Arbl.	G.St.	Arbl.	G.St.
	%	%	%	%
Westen	60	58	34	41
Osten	54	52	62	60

(s. Fragen 21 C, 22 C)

- Daß Leistung belohnt wird, wird von etwa der Hälfte der Arbeitslosen anerkannt. Die Urteile der Arbeitslosen West sind oft negativer als die der Arbeitslosen Ost.

	West		Ost	
	Arbl.	G.St.	Arbl.	G.St.
	%	%	%	%
ist in Ordnung	41	80	64	81

(s. Frage 20)

- Daß Leistung und Erfolg zum Leben gehören, wird zwar niedriger, aber *nur* mit ca. 10% unter dem Durchschnitt der Voten bejaht (s. Frage 37 A).
- Bei der schon beinahe quälenden These „Ich möchte beruflich Karriere machen" liegen die Stimmen der Arbeitslosen ebenfalls *nur geringfügig* unter dem Durchschnitt (s. Frage 37 C).
- Bei der Aussage, sich dem Leistungsdruck entziehen zu wollen, gehen die zustimmenden Voten der Arbeitslosen West und Ost *sehr weit* auseinander. Die Zustimmung ist bei den westlichen Arbeitslosen beachtlich hoch.

West		Ost	
Arbl.	G.St.	Arbl.	G.St.
%	%	%	%
41	27	16	19

(s. Frage 37 F)

- Die Abwägung der Wichtigkeit zwischen Familie und Beruf geschieht etwa mit gleichen Quoten wie im Durchschnitt (s. Frage 45).
- Die Wirtschaftslage West und Ost – heute und in Zukunft – wird ungünstiger eingeschätzt, ohne jedoch allzu stark vom Durchschnitt abzuweichen (s. Frage 14 bis 17).
- Daß die Arbeitslosen unter den wichtigsten Problemen in West und Ost an erster Stelle den Arbeitsmarkt erwähnen ist plausibel.

West		Ost	
Arbl.	G.St.	Arbl.	G.St.
%	%	%	%
35	12	41	31

(s. Frage 24)

- Vertrauen in den Staat wird sparsamer geäußert als vom Durchschnitt. Das gilt ähnlich für das Vertrauen in die Institutionen, wofür die Stimmen der Arbeitslosen sich etwa auf die Hälfte des Durchschnitts belaufen; *besonders gering ist ihr Vertrauen in die Parteien* (s. Frage 28 E)!
- Diese Skepsis äußert sich auch in der geringeren Zufriedenheit mit der Demokratie.

	West		Ost	
	Arbl.	G.St.	Arbl.	G.St.
	%	%	%	%
sehr zufrieden	10	27	4	8
einigermaßen zufrieden	52	62	63	72

(s. Frage 25)
Quelle: Forschungsinstitut der Konrad-Adenauer-Stiftung, Archiv-Nr. 9104

Im ganzen bietet die Bewußtseinsbildung der Arbeitslosen in Ost und West offenkundige Besonderheiten. Die Antworten der Arbeitslosen weichen in „negativer“ Richtung deutlich ab von den Antworten der Gesamtheit der Befragten. Das gilt in besonders hohem Maße für die westdeutschen Jugendlichen. Es betrifft bei ihnen vor allem die kritische Einschätzung der konkreten Situation (Wirtschaftslage, brisante Probleme, persönliche Aussichten, Befürchtungen, Zukunftsangst, Zufriedenheit) wie auch ausdrücklich allgemeine Einstellungen (Bedeutung der Arbeit, Wichtigkeit der persönlichen Anstrengung, Selbstvertrauen, Leistungsorientierung, Belohnung von Leistung, Abwehr von Leistungsdruck, Karriereorientierung).

Bei den ostdeutschen Arbeitslosen dagegen werden nur die konkreten Verhältnisse negativ beurteilt, während die allgemeinen Wertschätzungen bezüglich Arbeit und Beruf intakt bleiben. Z.B. erhält sich bei den arbeitslosen Jugendlichen in den neuen Bundesländern eine „trotzdem“ positive Einschätzung von Leistung in Arbeit/Beruf. Die ostdeutschen Jugendlichen haben bislang die allgemeinen Grundwerte bezüglich des Lebensbereiches Arbeit/Beruf offensichtlich noch stärker bewahrt bzw. weniger in Frage gestellt als westdeutsche Arbeitslose. Darin spiegelt sich – abgesehen von der bislang vergleichsweise kurzen Phase von Arbeitslosigkeit – vermutlich auch noch die in der DDR stärker auf Beruf/Arbeit abgestellte Sozialisation und Indoktrination wider.

Diese Differenzen zwischen den akuten Befindlichkeiten und Aussichten einerseits und den allgemeinen Grundüberzeugungen andererseits in Ost und West lassen sich mit Blick auf die Arbeitslosen in folgender Tabelle nochmals veranschaulichen:

Tabelle 59: Befindlichkeiten und Grundüberzeugungen (Frage 19, 37 A)

	West		Ost	
	Arbl.	G.St.	Arbl.	G.St.
	%	%	%	%
Die beruflichen Vorstellungen lassen sich verwirklichen	24	68	24	55
Leistung und Erfolg gehören zum Leben	44	79	78	88

Quelle: Forschungsinstitut der Konrad-Adenauer-Stiftung, Archiv-Nr. 9104

6. Zusammenfassung

(1) Bei den befragten Jugendlichen überwiegen insgesamt beachtlich positive Zustimmungen und Bewertungen in bezug auf Ausbildung, Beruf und Arbeitsleistung – unter den ostdeutschen noch ausdrücklicher und stärker als bei den westdeutschen. Diese Bewußtseinslage bezieht sich auf positive Erfahrungen im Schulleben und in der Arbeitswelt und basiert auf vielseitigen, auch immateriellen Motivationen. Sie sind eingebettet in mehr oder minder *optimistische* Beurteilungen der persönlichen Lebenssituation und der allgemeinen Verhältnisse sowie auch der Wirtschaftslage und des „Systems". Dabei kristallisiert sich in den Zusammenhängen zwischen den betreffenden Indikatoren ein *Zufriedenheitssyndrom* heraus (s. Kap. II).
Die auffallend *positive Arbeitsorientierung* hat sowohl in den alten wie in den neuen Bundesländern eine stabile Tradition (s. Jaide/Hille 1977; Hille/Jaide 1990; Jaide/Veen, 1989; Umfragen des ZIJ Leipzig, Schülerbefragung des DJI 1990 u.a.m.). Man kann sie auch als industriebürgerlichen Jahrhunderttrend einschätzen, der durch die aktuellen Entwicklungen in der Wirtschaft und auf dem Arbeitsmarkt bislang nur wenig tangiert wurde.
Dagegen ist die „Gegenpartei" der mäßig Zufriedenen und der Unzufriedenen sowie der Arbeitslosen mit ihren weniger positiven bzw. negativen Urteilen zu beachten. Sie machen immerhin insgesamt ca. ein Drittel der Befragten aus.

(2) Für das Lebensziel *„eine Arbeit, die erfüllt"* (Frage 10 B) votieren die Ostdeutschen pointierter als die Westdeutschen, die weiblichen noch deutlicher als die männlichen Jugendlichen.

Das *Bildungssyndrom* (höhere Schul- und Berufsbildung bereits aufseiten der Eltern, „Schule macht Spaß“, „Ausbildung macht Spaß“) wirkt zugunsten dieses Lebenszieles. Positive Zusammenhänge bestehen mit Optimismus und Zufriedenheit.

Das Motiv *„eine persönlich befriedigende Aufgabe“* gewinnt mit dem Lebensalter (ab 18/19 Jahren) erheblich an Bedeutung, ebenso mit dem höheren Bildungsniveau. Es fällt jedoch bei den älteren Studenten/Hochschülern radikal ab. Das hat vermutlich im Osten zeitgeschichtliche, im Westen sozialkritische Argumente zur Ursache.

(3) Bei den Ostdeutschen spielen unter den Berufswahlmotiven *instrumentelle* Beweggründe (Verdienst, Sicherheit, Aufstieg) eine wesentlich größere Rolle als bei den Westdeutschen. Das gilt für die männlichen Befragten relativ stärker als für die weiblichen.

Dagegen steht das Motiv *„für andere Menschen etwas tun“* bei den weiblichen Befragten in höherem Ansehen.

Nach erfolgter Berufseinmündung gewinnen die instrumentellen Begründungen bei den Westdeutschen ein noch stärkeres Gewicht. Bei den weiblichen Ostdeutschen treten in der Realität der Berufseinmündung bzw. der Arbeitswelt „Selbständigkeit“ und „innere Befriedigung“ als Motive zurück.

(4) Spezielle *Berufsvorstellungen* (Frage 3) nennen die Ostdeutschen etwas häufiger als die Westdeutschen, die Älteren häufiger als die Jüngeren, die Hochschüler häufiger als die übrigen. Sie sind eher präsent bei zugleich positiver Stimmungslage und optimistischen Prognosen über die wirtschaftliche Entwicklung.

(5) Die *Verwirklichung* der Berufspläne wird verständlicherweise von den Ostdeutschen skeptischer eingeschätzt als von den Westdeutschen.

Zusammenhänge mit Grundstimmungen, besonders mit dem Selbstvertrauen, sind plausibel.

(6) *„Leistung* und Erfolg“ haben bei den Ostdeutschen einen etwa doppelt so hohen Stellenwert wie bei den Westdeutschen (stimme voll zu: 46,1% Ost; 26,1% West), bei den Jüngeren – noch Unerfahrenen ? – sogar höher als bei den Älteren.

Die Gegenthese „ich werde mich dem Leistungsdruck entziehen“ erhält generell nur mäßige Zustimmung: West: 26,9%; Ost 18,8%.

(7) Die Befürchtung, *arbeitslos* zu werden, ist bei den ostdeutschen Jugendlichen besonders hoch.

(8) Geschlechtsspezifsche Differenzen werden erkennbar bei der These „Die *Frau* soll den Beruf aufgeben, wenn in der Familie Kinder zu betreuen sind“. Die männlichen Jugendlichen stimmen häufiger zu als die weiblichen, die Berufstätigen häufiger als die Schüler, die Westdeutschen häufiger als die Ostdeutschen.

Beruf und *Familie* werden jedoch insgesamt von den Jugendlichen in Ost und West als gleichermaßen wichtig eingeschätzt.

Im Vergleich der befragten Jugendlichen in Ost- und Westdeutschland überwiegen eindeutig die Übereinstimmungen in ihrer generell positiven Bewertung von Beruf und Leistung.

Zugleich produziert die akut schwierige Arbeitssituation in den neuen Bundesländern bei den dortigen Jugendlichen konkrete Ängste vor allem vor Arbeitslosigkeit. Beachtlich ist dabei, daß bei den jungen Arbeitslosen der neuen Bundesländer bislang offenbar keine Deformierung in negativer Richtung (Geringschätzung von Arbeit/Beruf, Leistungsverweigerung) eingesetzt hat.

Mit Blick auf die zukünftige Entwicklung äußern die befragten Jugendlichen und jungen Erwachsenen eine beachtliche Zuversicht und eine positive Einschätzung der künftigen wirtschaftlichen Entwicklung. *Dieses hohe Vertrauenspotential bei den der Jugendlichen vor allem in den neuen Bundesländern ist sorgsam zu stützen und zu erhalten!*

Kapitel V

Jugend und Politik

Hans-Joachim Veen; Walter Jaide

Unter konventionellen Bedingungen hätte sich dieses komplexe Feld grob entlang den klassischen Dimensionen darstellen lassen:

- politische Institutionen und Akteure
- politische Partizipation
- Radikalismus und Gewalt
- aktuelle politische Problemeinschätzungen und Parteipräferenzen.

Allerdings wird das Verhältnis der Jugend zu Staat und Politik in den kommenden Jahren wesentlich von einer fünften Dimension mitgeprägt werden: *der deutschen Vereinigung.* Ihre Wahrnehmung wird einleitend dargestellt.

1. Beurteilungen der Einheit

Durch die Vereinigung wurden weniger für die westdeutschen als für die ostdeutschen Jugendlichen die Rahmenbedingungen ihrer bürgerlichen und gesellschaftlichen Existenz fundamental verändert. Wie haben die jungen Menschen in West- und Ostdeutschland die Vereinigung aufgenommen? Welche positiven und welche problematischen Veränderungen empfinden die jungen Ostdeutschen mit der Einheit? Inwieweit identifizieren sich die jungen West- und Ostdeutschen mit dem vereinten Deutschland?

Hervorstechendes Ergebnis ist zunächst, daß die Freude über die Herstellung der Einheit in West- und Ostdeutschland keineswegs einhellig ist, wie Tabelle 60 zeigt:

Tabelle 60: Zur Einheit Deutschlands (Frage 39)

	sehr stark/stark			teils/teils			kaum/überhaupt nicht		
	% Gesamt	% West	% Ost	% Gesamt	% West	% Ost	% Gesamt	% West	% Ost
Ich freue mich darüber, daß die Einheit hergestellt ist	48	45	58	38	39	34	14	15	7
Ich möchte persönlich etwas tun, daß Deutschland schneller zusammenwächst	34	29	56	39	40	33	26	30	10
Die Einheit Deutschlands interessiert mich nicht	16	15	20	28	29	23	55	55	56
Ich habe Angst vor den wirtschaftlichen Folgen der Einheit Deutschlands	33	34	27	63	35	40	30	30	33
Ich befürchte, daß Vertreter des ehemaligen SED-Regimes in Staat und Wirtschaft noch in wichtigen Positionen sind	57	54	66	23	25	19	19	20	15
Ich habe Angst, daß die Stasi der ehemaligen DDR immer noch Einfluß hat	47	45	53	25	26	20	27	27	27

Quelle: Forschungsinstitut der Konrad-Adenauer-Stiftung, Archiv-Nr. 9104

Die jungen Ostdeutschen begrüßen sie in deutlich höherem Ausmaß als die Westdeutschen. Häufiger als die jungen Frauen äußern die jungen Männer in den neuen Ländern Freude über die Einheit. Schon hier wird erkennbar, was sich wie ein roter Faden durch vielfältige Befunde unter den ostdeutschen Jugendlichen zieht, daß nämlich die weiblichen Jugendlichen und jungen Frauen in Ostdeutschland generell skeptischer und dem vereinten Deutschland gegenüber kritischer sind. Sie fühlen sich durch die Einheit und ihre Konsequenzen in mehrfacher Hinsicht negativ betroffen als die jungen Männer.

Demgemäß ist auch die Bereitschaft, sich für das rasche Zusammenwachsen beider Teile Deutschlands persönlich zu engagieren, unter den weiblichen Befragten in den neuen Ländern geringer ausgeprägt als unter den jungen Männern. Doch ist dieser Unterschied vergleichsweise geringfügig gegenüber der Differenz zwischen Ostdeutschen und Westdeutschen in der Frage des Engagements. Hier klaffen fast 30 Prozentpunkte Unterschied: Während 56% der jungen Ostdeutschen sich persönlich für das Zusammenwachsen engagieren möchten, sind es in Westdeutschland keine 30%. Weitere 30% der Westdeutschen erklären sogar dezidiert, daß sie hierzu überhaupt nicht bereit seien.

Das relativ große Desinteresse der jungen Westdeutschen ist nur teilweise dadurch zu erklären, daß sie häufiger als die jungen Ostdeutschen die wirtschaftlichen Folgen der Vereinigung fürchten, zumal die Quote dazu mit rund einem Drittel relativ gering bleibt. Wesentlicher erscheint, daß die jungen Westdeutschen der Vereinigung emotional eher distanziert gegenüberstanden. Ihre Orientierungen, ihre Leitbilder und ihre internationalen Erfahrungen machten sie durchweg unter westlicher Prägung. Vom Osten und insbesondere von der ehemaligen DDR ging keinerlei Reiz für sie aus. Die Formel von den „zwei Staaten in Deutschland" gehört zu den Rahmenbedingungen ihrer politischen Sozialisation und war weithin wohl auch akzeptiert. In einem vereinigten Deutschland wurde demgemäß von vielen kein wichtiges bzw. realistisches politisches Ziel oder gar historisches Vermächtnis gemäß der Präambel des Grundgesetzes gesehen. Die historische und die politisch-ethische Dimension der Vereinigung, so scheint es, wird von den jungen Westdeutschen nur zögerlich entdeckt.

In Ostdeutschland war die Ausgangslage dagegen völlig anders. Mit der Einheit verband sich bei den jungen Ostdeutschen der Gewinn von Freiheiten, Bürgerrechten und Konsummöglichkeiten, mit anderen Worten die Befreiung vom Herrschafts- und Kontrollapparat des SED-Regimes. Dies wird spiegelbildlich in ihren Befürchtungen hinsichtlich des verbleibenden Einflusses der Stasi und des Beharrungsvermögens der alten Kader in Staat und Wirtschaft erkennbar (vgl. Tabelle 60).

Zwar bedeutet die Einheit für die Ostdeutschen eine ganze Reihe positiver Veränderungen, aber auch negative (vgl. Tabellen 61 und 62):

Tabelle 61: Wertvolle Veränderungen (Frage 49)

	Ost %
Reisefreiheit	38
Meinungsfreiheit	15
persönliche Entfaltungsmöglichkeit	15
Warenangebot	12
allgemeine Freiheit	12
freie Berufswahl	6
kein politischer Druck	6
keine Veränderungen	6
bessere Sport und Kulturangebote	4
Marktwirtschaft	3
Veränderungen in der Schule	3
besserer Lebensstandard	2
finanzielle Aspekte	2
technische Geräte	2
sonstige politische Veränderungen	2
neue Freunde	1
Mode	1
Zeitschriften, Zeitungen	1
freie Wahlen	–
keine Angaben	12

Quelle: Forschungsinstitut der Konrad-Adenauer-Stiftung, Archiv-Nr. 9104

Tabelle 62: Problematische Veränderungen (Frage 50)

	Ost %
Arbeitslosigkeit	23
Gewalt und Kriminalität	10
keine negativen Veränderungen	9
finanzielle Aspekte	8
höhere Anforderungen an die Selbständigkeit	6
allgemeine Unsicherheit	6
Zunahme des Radikalismus	5
soziale Unsicherheit	5
Bürokratie	5
Ausländerfeindlichkeit	4
Angst um Ausbildung, Lehrstellensuche	4
Wirtschaftslage	4
neue Gesetze, rechtliche Lage	3
Unterschied Ost-West, Benachteiligung des Ostens	2
Veränderungen im Bildungssystem	2
Drogenprobleme	2
sonst. polit. Aspekte	2
Überheblichkeit d. Westdeutschen	2
Mieterhöhungen, Verlust der Wohnung	1
zunehmender Autoverkehr	–
keine Angaben	17

Quelle: Forschungsinstitut der Konrad-Adenauer-Stiftung, Archiv-Nr. 9104

Positiv werden genannt: Reisefreiheit, Meinungsfreiheit, Möglichkeiten der freien Entfaltung in mehrfacher Hinsicht, einschließlich der größeren Konsumfreiheit. Negativ werden vor allem die neuen Erfahrungen mit Arbeitslosigkeit sowie Gewalt und Kriminalität genannt, von einigen aber auch die höheren Anforderungen an die Selbständigkeit sowie Unsicherheiten hinsichtlich der eigenen Situation und der zukünftigen Entwicklung. Dies sind Einschätzungen, die die wirtschaftlichen und sozialen Erschütterungen in den neuen Bundesländern widerspiegeln. Doch werden alles in allem deutlich weniger negative als positive Veränderungen wahrgenommen.

2. Identifikation mit dem vereinten Deutschland und Europa

Vor diesem Hintergrund überrascht es nicht mehr, daß die jungen Ostdeutschen sich auch in höherem Maße mit dem vereinten Deutschland identifizieren als junge Westdeutsche:

Tabelle 63: Zugehörigkeit als Deutscher (Frage 41)
„Man kann sich mehr oder weniger als Deutscher fühlen. Wie ist das bei ihnen?"

	Gesamt			West			Ost		
	% voll-kommen	% etwas	% nein	% voll-kommen	% etwas	% nein	% voll-kommen	% etwas	% nein
Insgesamt	45	37	17	43	37	18	53	34	12
Hauptschule	56	31	13	57	27	15	54	36	9
Lehre	47	39	14	47	38	14	46	41	12
EOS/Gymnasium	32	43	25	31	43	26	38	44	18
Uni/Hochschule	33	39	28	32	40	28	40	29	30
Links	32	37	31	32	35	32	33	42	24
Mitte	47	40	13	44	41	15	56	35	8
Rechts	61	30	7	58	32	8	76	20	5
Politische Interessen:									
stark	38	38	24	35	39	25	47	32	20
mittel	47	38	14	45	39	16	54	36	10
schwach	50	34	14	49	34	15	57	34	8
CDU-Präferenz	61	32	6	60	33	6	66	27	6
SPD-Präferenz	45	38	16	43	39	17	54	37	9
FDP-Präferenz	45	41	14	37	45	18	66	29	5
Grüne-Präferenz	25	41	33	23	42	34	48	33	18
B90/Grünen-Präferenz	21	36	41	11	30	58	31	42	26
PDS-Präferenz	26	37	37	33	28	39	23	41	39
Wirtsch. Optimismus	-	-	-	45	37	17	55	34	10
Indifferent	-	-	-	36	43	20	25	38	38
Pessimismus	-	-	-	40	35	25	48	35	16

Quelle: Forschungsinstitut der Konrad-Adenauer-Stiftung, Archiv-Nr. 9104

Die Identifikation mit Deutschland variiert in West und Ost in hohem Maße mit der Parteipräferenz. Unter Anhängern der Grünen/Bündnis 90 und der PDS ist sie deutlich geringer, unter CDU-Anhängern dagegen am höchsten. Dabei ergeben sich einige interessante Unterschiede: In Ostdeutschland identifizieren sich FDP-, Bündnis 90/Grünen- und SPD-Anhänger in zum Teil deutlich höherem Maße mit dem vereinten Deutschland als in Westdeutschland. Interessant sind darüber hinaus die Korrelationen zwischen Identifikation als Deutsche und politischem Interesse, Bildungsgrad und vor allem der ideologischen Selbstpositionierung. Das generelle Korrelationsmuster ist in West- und Ostdeutschland sehr ähnlich. Die Identifikation sinkt mit höherem politischen Interesse, höherer Bildung und ideologischer Selbstpositionierung „links". Sie wächst mit der Selbstpositionierung „rechts", Hauptschulbildung und schwächer ausgeprägtem politischem Interesse. Besonders auffällig ist die hohe Korrelation zwischen der Selbstpositionierung „rechts“ und nationaler Identifikation unter jungen Ostdeutschen.

Was diese Identifikation emotional, ideell, politisch-ideologisch am Ende tatsächlich bedeutet, ist aus dem Instrumentarium nicht zu bestimmen. Gewisse Aufschlüsse lassen sich aus der analogen Frage zur Identifikation mit Europa ziehen:

Tabelle 64: Zugehörigkeit zu Europa (Frage 42)

„Und wieweit fühlen Sie sich als Europäer?“

	Gesamt			West			Ost		
	% vollkommen	% etwas	% nein	% vollkommen	% etwas	% nein	% vollkommen	% etwas	% nein
Insgesamt	37	43	19	36	44	19	43	37	19
Hauptschule	41	39	19	35	42	22	49	36	15
Lehre	41	42	16	40	44	16	44	38	17
EOS/Gymnasium	35	46	18	34	46	19	43	44	11
Uni/Hochschule	34	48	17	34	49	17	39	45	17
Links	37	44	18	37	45	17	38	43	18
Mitte	37	43	20	35	45	20	44	36	19
Rechts	38	43	19	36	45	19	45	34	20
Politische Interessen:									
stark	39	43	18	39	44	17	37	42	20
mittel	35	46	19	33	48	19	44	37	19
schwach	38	39	20	36	41	22	48	33	18
CDU-Präferenz	42	41	16	41	42	17	49	37	13
SPD-Präferenz	37	43	20	35	44	20	44	37	19
FDP-Präferenz	35	45	20	32	46	21	41	42	15
Grüne-Präferenz	31	47	21	31	48	20	33	33	33
B90/Gr.-Präferenz	32	45	22	25	52	22	38	38	22
PDS-Präferenz	34	36	32	33	28	39	34	39	30
Wirtsch. Optimismus	-	-	-	37	44	19	47	37	15
Indifferent	-	-	-	31	43	25	29	38	33
Pessimismus	-	-	-	34	47	18	34	39	27

Quelle: Forschungsinstitut der Konrad-Adenauer-Stiftung, Archiv-Nr. 9104

Auch hier ist der Grad der Identifizierung unter jungen Ostdeutschen höher als unter jungen Westdeutschen. Auch hier ist die Identifikation in hohem Maße von der Parteipräferenz und dem politischen Interesse abhängig.

Interessanter aber erscheint in diesem Zusammenhang, daß sich „rechts“ stehende junge Ostdeutsche häufiger als Europäer empfinden als „links“ stehende. Bei westdeutschen Jugendlichen gibt die ideologische Selbsteinschätzung für die Europaorientierung praktisch nichts her. Dies ist zumindest ein

Hinweis darauf, daß die ideologische Selbsteinstufung „rechts“ bei jungen Deutschen nicht von vornherein mit nationalistischen oder antieuropäischen Einstellungen gleichgesetzt werden kann. Die jungen Deutschen in West- und Ostdeutschland empfinden sich in hohem Maße *gleichermaßen* als Deutsche und Europäer.

3. Einstellungen zum Sozialismus

Angesichts dieser ausgeprägten Identifikationen gerade unter jungen Ostdeutschen muß ihre Einschätzung des Sozialismus, die Tabelle 65 ausweist, überraschen:

Tabelle 65: Einstellung zum Sozialismus (Frage 40)

Worin sehen Sie die Ursache für den Zusammenbruch des Sozialismus in der ehemaligen DDR.
1. Ist das sozialistische System grundsätzlich zum Scheitern verurteilt?
2. Oder waren die Politiker unfähig, die in der ehemaligen DDR an der Macht waren?

	Antwort 1			Antwort 2		
	Gesamt %	West %	Ost %	Gesamt %	West %	Ost %
insgesamt	51	56	30	47	41	69
männlich	52	57	33	45	40	66
weiblich	49	55	26	48	42	72

Quelle: Forschungsinstitut der Konrad-Adenauer-Stiftung, Archiv-Nr. 9104

Während die Mehrheit der Westdeutschen der Überzeugung ist, daß der Zusammenbruch der DDR aufgrund der prinzipiellen Widersprüche des Sozialismus zwangsläufig war, sind hiervon nur 30% der jungen Ostdeutschen überzeugt, unter jungen Frauen noch weniger. Verantwortlich für das Scheitern des DDR-Regimes wird von fast 70% der jungen Ostdeutschen die Unfähigkeit der handelnden Politiker gemacht. Diese Meinung wird von jungen Frauen in Ostdeutschland noch häufiger vertreten als von jungen Männern. Der Sozialismus ist anscheinend für einen Teil der jungen Ostdeutschen keineswegs endgültig begraben. Rund ein Drittel äußert sich ein Jahr nach der Vereinigung positiv zur „Idee des Sozialismus“:

Tabelle 66: Idee des Sozialismus (Frage 38)

„Und was halten Sie allgemein von der Idee des Sozialismus?“

	Gesamt			West			Ost		
	% pos.	% ind.	% neg.	% pos.	% ind.	% neg.	% pos.	% ind.	% neg.
Insgesamt	19	26	46	19	26	48	32	27	40
Hauptschule	21	27	47	16	26	51	28	29	42
Lehre	20	56	50	16	26	53	37	26	37
EOS/Gymnasium	24	30	41	22	30	43	43	31	21
Uni/Hochschule	31	20	45	29	19	47	47	27	24
Links	38	28	29	35	28	30	51	25	24
Mitte	17	27	51	15	27	53	26	29	43
Rechts	11	19	65	10	18	66	18	22	59
CDU-Präferenz	9	21	64	7	21	66	20	23	56
SPD-Präferenz	24	29	43	22	28	44	31	31	38
FDP-Präferenz	16	25	53	13	24	56	24	28	47
Grüne-Präferenz	28	31	33	28	31	33	23	35	40
B90/Grünen-Präferenz	48	27	21	52	28	16	45	28	26
PDS-Präferenz	74	11	13	56	17	22	82	9	9
Fühle mich als Deutscher:									
ja	18	26	50	15	26	52	29	27	44
nein	39	27	29	37	27	31	51	28	21

Quelle: Forschungsinstitut der Konrad-Adenauer-Stiftung, Archiv-Nr. 9104

Doch auch unter jungen Westdeutschen gibt es nach wie vor ein Sympathiepotential von rund 20%. Sympathien für die „Idee des Sozialismus“ verbinden sich in Ostdeutschland hochgradig mit einer Vorliebe für die PDS, der Selbstpositionierung „links“ sowie mit einer Universitätsausbildung. In Westdeutschland ist das Bild ähnlich, wenn auch in abgeschwächter Form. Hier fällt vor allem die hohe Korrelation zwischen Bündnis 90/Grünen-Präferenz und Sozialismussympathien auf.

Die empirischen Befunde zum Sozialismus liegen gewissermaßen quer zu den übrigen Ergebnissen in den neuen Bundesländern. Sie verweisen über einen harten Kern überzeugter Anhänger des alten Regimes hinaus, die häufig PDS-Anhänger sind, auf eine starke sozialisatorische Prägung im Bereich der politischen Ideen, auch wenn „Sozialismus“ das konkrete politische Verhalten der großen Mehrheit der jungen Ostdeutschen nicht bestimmen. Das DDR-Regime hatte bereits, wie Friedrich und Förster im Kapitel VII nachweisen, seit der Mitte der 80er Jahre an Legitimität unter Jugendlichen verloren, doch blieb die Idee davon anscheinend weitgehend unberührt. Ob sich diese Differenzierung zwischen realem und idealem Sozialismus in dem 1991 gemessenen Ausmaß allerdings unter den neuen kommunikativen Rahmenbedingungen des vereinten Deutschland erhält, bleibt abzuwarten.

4. Staats- und Institutionenvertrauen, Demokratiezufriedenheit

In einem gewissen Kontrast zu den Identifikationsquoten der jungen Deutschen steht ihr affektives Staatsvertrauen. In den neuen Ländern ist es noch geringer als in den alten:

Tabelle 67: Staatsvertrauen (Frage 28 E)

„Alles in allem kann man darauf vertrauen, daß der Staat das Richtige für die Bürger tut"

	stimme zu %	teils/teils %	stimme nicht zu %
Gesamtdeutschland	28	30	38
Westdeutschland	30	29	38
Ostdeutschland	22	35	40

Quelle: Forschungsinstitut der Konrad-Adenauer-Stiftung, Archiv-Nr. 9104

Nur jeder fünfte junge Ostdeutsche äußert ein gewisses Grundvertrauen in den neuen Staat. Aber auch unter jungen Westdeutschen ist die Vertrauensquote mit 30% bemerkenswert niedrig. Die Mißtrauensquoten liegen deutlich darüber, bei West- und Ostdeutschen gleichermaßen bei rund 40%. Das Staatsvertrauen variiert am stärksten mit den Parteiensympathien und der ideologischen Selbstverortung. Es ist in West- und Ostdeutschland unter CDU-Sympathisanten am höchsten und unter Bündnis 90/Grünen- sowie PDS-Sympathisanten am geringsten ausgeprägt, wie Tabelle 68 zeigt.

Tabelle 68: Staatsvertrauen (Frage 28 E)

„Alles in allem kann man darauf vertrauen, daß der Staat das Richtige für die Bürger tut"

	Vertrauen			Indifferent			kein Vertrauen		
	Gesamt %	West %	Ost %	Gesamt %	West %	Ost %	Gesamt %	West %	Ost %
Insgesamt	28	30	22	30	29	35	38	38	40
Links	20	20	18	27	27	26	51	51	54
Mitte	31	33	22	32	30	39	35	35	35
Rechts	39	39	40	28	27	31	31	32	27
CDU-Präferenz	43	44	34	31	30	36	23	23	26
SPD-Präfenrenz	26	27	19	32	30	39	39	39	38
FDP-Präferenz	31	33	25	29	25	38	37	38	35
Grünen-Präferenz	15	15	13	27	26	38	54	54	48
B 90/Grünen-Präferenz	15	13	16	20	16	24	64	71	58
PDS-Präferenz	16	22	14	19	11	23	63	61	61

Quelle: Forschungsinstitut der Konrad-Adenauer-Stiftung, Archiv-Nr. 9104

Auch die Konfessionszugehörigkeit prägt das Vertrauen zum Staat wesentlich mit, konfessionslose junge Deutsche sind deutlich mißtrauischer gegenüber dem Staat als Angehörige einer der beiden Konfessionen. Nicht zuletzt beeinflussen die wirtschaftlichen Zukunftserwartungen das Vertrauen in den Staat mit. Aber entgegen den ursprünglichen Vermutungen, daß vor allem die jungen Ostdeutschen ihr Staatsvertrauen auf die wirtschaftlichen Zukunftserwartungen stützen, sind es in erster Linie junge Westdeutsche, deren Vertrauen bzw. Mißtrauen in hohem Maße vom wirtschaftlichen Zukunftsoptimismus bzw. Pessimismus geprägt ist, wie Tabelle 69 dokumentiert:

Tabelle 69: Staatsvertrauen (Frage 28 E)

„Alles in allem kann man darauf vertrauen, daß der Staat das Richtige für die Bürger tut"

	Vertrauen			Indifferent			Kein Vertrauen		
	Gesamt %	West %	Ost %	Gesamt %	West %	Ost %	Gesamt %	West %	Ost %
Insgesamt	28	30	22	30	29	35	38	38	40
Evangelisch	29	29	26	30	29	35	38	38	35
Katholisch	31	31	31	31	31	33	34	34	31
Andere/ Keine Konfession	21	20	21	31	24	35	48	53	41
Wirtsch. Optimismus	-	34	23	-	30	37	-	32	38
Indifferent	-	21	33	-	29	33	-	46	29
Pessimismus	-	23	19	-	24	31	-	56	45

Quelle: Forschungsinstitut der Konrad-Adenauer-Stiftung, Archiv-Nr. 9104

Die affektive Messung des Staatsvertrauens bedarf der Konkretisierung für die wesentlichen staatlich-politischen Institutionen. Dabei ergibt sich ein hochgradig differenziertes Bild in der Akzeptanz dieser Institutionen nicht nur untereinander, sondern auch im West-Ost-Vergleich. Zunächst ist auffällig, daß die Akzeptanz der öffentlichen Institutionen unter jungen Westdeutschen fast durchweg deutlich höher ist als unter jungen Ostdeutschen. Weitaus negativer werden in den neuen Ländern die Polizei, die Verwaltungen sowie der Bundestag beurteilt, aber auch gegenüber den Gerichten ist das Vertrauen geringer als in Westdeutschland:

Tabelle 70: Vertrauen zu den Institutionen (Frage 29)
„Inwieweit haben Sie Vertrauen zu den folgenden öffentlichen Institutionen?“

	Rang	Gesamt		West		Ost	
		Vertrauen %	kein Vertrauen %	Vertrauen %	kein Vertrauen %	Vertrauen %	kein Vertrauen %
Gerichte	1	54	16	56	15	44	22
Polizei	2	50	19	54	17	34	32
Bundeswehr	2	40	30	40	31	40	25
Bundestag	4	39	18	41	17	29	24
Bundesregierung	5	31	27	32	26	27	30
Verwaltungen	6	28	38	31	30	18	45
Parteien	7	17	32	18	31	12	37

Quelle: Forschungsinstitut der Konrad-Adenauer-Stiftung, Archiv-Nr. 9104

In den Mißtrauensvoten der jungen Ostdeutschen spiegeln sich die Erfahrungen mit der Herrschaft im Alltag des alten Regimes plastisch wider. Um so mehr fällt die hohe Akzeptanzquote für die Bundeswehr unter jungen Ostdeutschen aus dem Rahmen, es ist die zweithöchste Quote überhaupt. Der Bundeswehr scheint es offenbar sehr früh gelungen zu sein, das Vertrauen der ostdeutschen Jugendlichen zu gewinnen. Weitergehende Untersuchungen wären zu dieser Frage wünschenswert.

Demgegenüber rangieren die Parteien bei den jungen Deutschen in West und Ost gleichermaßen auf dem letzten Rangplatz des Institutionenvertrauens. Auf sie wird unten noch detaillierter eingegangen. Für das politische Klima unter Jugendlichen ist die affektive Zufriedenheit bzw. Unzufriedenheit mit dem gegebenen demokratischen System von grundlegender Bedeutung. Hier sind die Unterschiede zwischen West- und Ostdeutschland beträchtlich. In Westdeutschland herrschen positive sowie bedingt positive Einschätzungen der Demokratie in der Bundesrepublik vor:

Tabelle 71: Zufriedenheit mit der Demokratie (Frage 25)

	zufrieden		einigermaßen zufrieden		nicht zufrieden	
	Wes %t	Ost %	West %	Ost %	West %	Ost %
Insgesamt	27	8	62	72	9	19
Optimist	32	9	59	75	6	16
Indifferent	14	4	71	71	13	21
Pessimist	16	6	66	66	17	27

Quelle: Forschungsinstitut der Konrad-Adenauer-Stiftung, Archiv-Nr. 9104

Dezidiert unzufrieden sind ganze 9%. Dies bedeutet im Zeitvergleich der letzten 10 Jahre in Westdeutschland stabile Zufriedenheitsraten (vgl. Jaide/

Veen 1989, S. 123). Demgegenüber ist die Unzufriedenenrate unter jungen Ostdeutschen mit 19% beträchtlich höher. Mit Abstand am unzufriedensten sind junge Ostdeutsche mit PDS- oder Bündnis 90/Grünen-Präferenz bzw. mit einer „linken“ Selbstpositionierung im ideologischen Spektrum:

Tabelle 72: Zufriedenheit mit der Demokratie (Frage 25)

	zufrieden			einigermaßen zufrieden			nicht zufrieden		
	Gesamt %	West %	Ost %	Gesamt %	West %	Ost %	Gesamt %	West %	Ost %
Insgesamt	23	27	8	64	62	72	11	9	19
CDU-Präferenz	38	44	14	55	51	77	5	4	9
SPD-Präferenz	19	22	6	69	67	76	10	8	17
FDP-Präferenz	24	30	8	67	64	77	7	5	13
Grünen-Präferenz	17	17	13	66	67	58	14	14	25
B90/Grünen-Präferenz	10	17	4	64	64	64	25	17	32
PDS-Präferenz	3	6	–	48	22	61	48	72	39
Links	17	20	6	65	66	64	16	12	29
Mitte	25	30	8	65	62	77	8	6	14
Rechts	33	36	15	56	53	73	9	8	10

Quelle: Forschungsinstitut der Konrad-Adenauer-Stiftung, Archiv-Nr. 9104

Das geringere Staatsvertrauen, das schwächer ausgeprägte Institutionenvertrauen und die geringere Demokratiezufriedenheit, alles eher affektive Indikatoren, weisen darauf hin, daß es den jungen Ostdeutschen häufig schwerfällt, sich im neuen System zu arrangieren und es innerlich zu akzeptieren. Das Demokratieverständnis der jungen Ostdeutschen ist, wie Tabelle 73 zeigt, einerseits sehr stark von den realen Freiheiten und Entfaltungsmöglichkeiten, von der Meinungs- bis zur Reisefreiheit geprägt, andererseits aber auch von seinem wirtschaftlichen und sozialen „Output“ und dies in höherem Maße als in Westdeutschland, wie die negativen Demokratieäußerungen (Tabelle 74) dokumentieren:

Tabelle 73: Positive Demokratieäußerungen (Frage 26)

	West %	Ost %
Politische Freiheit, Grundrechte	3	5
Entfaltung der Persönlichkeit	16	10
Meinungsfreiheit	18	26
Pressefreiheit	3	4
Reisefreiheit	-	9
Gleichberechtigung	3	-
Demonstrationsrecht	1	-
Rechtsstaatlichkeit	2	-
Gewaltenteilung, Kontrolle durch Öffentlichkeit	2	-
Mehr-Parteiensystem	3	6
Soziale Sicherheit	5	1
Wahlen, Wahlsystem	15	11
Aufbau des Staates	1	5
Freie Berufswahl	1	-
Herrschaft des Volkes	1	-
Mitbestimmung, persönlicher Einfluß	6	4
Demokratie existiert	3	-
Grundgesetz, Verfassung	3	-
Wirtschaftssystem	2	4
Chancengleichheit	-	2
Demokratie in allen Lebensbereichen	0	-
Offenheit aller Möglichkeiten	1	-
Wechsel der Regierung	1	-
Generelle Zustimmung	6	-
keine Meinung	6	-
finde nichts gut	3	-
Versammlungsfreiheit	-	1
Negative Äußerungen	-	10
weiß nicht	-	5
Sonstiges	1	1

Quelle: Forschungsinstitut der Konrad-Adenauer-Stiftung, Archiv-Nr. 9104

Als negative Seiten der bundesdeutschen Demokratie werden von jungen Ostdeutschen besonders häufig Arbeitsplatzprobleme und die Ausbildungssituation, unzureichende soziale Sicherheit, Kritik am Wirtschaftssystem, aber auch Unzufriedenheit mit der inneren Sicherheit genannt.

Tabelle 74: Negative Demokratieäußerungen (Frage 27)

	West %	Ost %
Mißachtung der Bürgerinteressen	6	3
Nichteinhaltung von Wahlversprechen	3	4
Korruption, Parteienfinanzierung	7	1
Mißbrauch der Freiheit, der Bürgerrechte	2	1
Arbeitsplatzprobleme, Ausbildungssituation	-	9
Ausländerfeindlichkeit	3	3
unzureichender Einfluß der Bürger	5	5
fehlende Menschlichkeit	-	3
Probleme durch die Einheit	-	3
Uneinigkeit der Parteien	2	1
Systemunzufriedenheiten	14	8
Bürokratie	3	3
Bestrafung früherer Funktionäre	-	3
Pflichten, Steuern, Bund	3	-
Handlungsunfähigkeit der Regierung	1	-
unzureichende innnere Sicherheit	2	7
unzureichende soziale Sicherheit	1	8
staatliche Bevormundung	1	-
Rüstung, Steuern	1	-
Kritik am Wirtschaftssystem	3	6
Preissteigerungen	8	-
Probleme neue Bundesländer	1	-
Kritik an der Demokratie	3	7
generelle Ablehnung	-	3
positive Äußerungen, keine Kritik	9	4
weiß nicht	5	4
Sonstiges	2	2

Quelle: Forschungsinstitut der Konrad-Adenauer-Stiftung, Archiv-Nr. 9104

Demgegenüber ist das Demokratieverständnis der Westdeutschen im Positiven wie im Negativen komplexer. Im Positiven gilt dies beispielsweise neben den Freiheitsrechten für die Ausgestaltung des Rechtssystems einschließlich des Wahlrechts und der Mitbestimmungsmöglichkeiten, im Negativen für die Mißachtung von Bürgerinteressen, für Kritik an Korruption, Parteienfinanzierung. Diese Unterschiede im Demokratieverständnis sind angesichts der unterschiedlichen Erfahrungshorizonte der jungen West- und Ostdeutschen leicht erklärlich und dürften sich auf längere Sicht nivellieren.

Daß den Parteien nur wenig Vertrauen entgegengebracht wird und sie sich für junge Menschen kaum attraktiv darbieten, gehört zu den Stereotypen der empirischen Jugendforschung. Hieran hat sich in den letzten Jahren in den alten Bundesländern auch nichts Wesentliches geändert.

Interessanter ist der Vergleich der Einstellungen zu den Parteien bei jungen West- und Ostdeutschen.

5. Politische Interesse, Partizipation und Parteien

Tabelle 75: Beurteilung der politischen Parteien (Frage 31)

„Was halten Sie – ganz allgemein – von den politischen Parteien in Deutschland?“

	Gesamtdeutschland %	Westdeutschland %	Ostdeutschland %
Die Parteien sind alles in allem zuverlässig und verantwortungsbewußt			
stimme zu	28	30	20
teils/teils	34	33	39
stimme nicht zu	34	33	36
Die Parteien unterscheiden sich wesentlich in ihrer Zielsetzung			
stimme zu	56	56	55
teils/teils	23	23	22
stimme nicht zu	17	18	16
Die Parteien vertreten die Bürger insgesamt recht gut			
stimme zu	32	34	26
teils/teils	31	30	37
stimme nicht zu	33	33	35
Es müssen noch weitere Parteien zur Wahl stehen			
stimme zu	28	30	21
teils/teils	14	14	13
stimme nicht zu	49	38	53
In den Parteien wird ja doch nur gemauschelt			
stimme zu	40	40	37
teils/teils	29	29	28
stimme nicht zu	24	23	24
Es gibt keine Partei, die mich richtig vertritt			
stimme zu	44	45	38
teils/teils	19	19	19
stimme nicht zu	31	30	32
Die Parteien bieten keine Zukunftsorientierung			
stimme zu	29	29	26
teils/teils	28	28	28
stimme nicht zu	36	36	38

Quelle: Forschungsinstitut der Konrad-Adenauer-Stiftung, Archiv-Nr. 9104

Zunächst fällt generell auf, daß die Beurteilungen der Parteien im Positiven wie im Negativen recht differenziert sind, daß das Bild der Parteien also keineswegs durchgängig negativ ist. Verbreitet sind bei west- und ostdeutschen Jugendlichen „teils/teils“-Beurteilungen, die der Komplexität häufig durchaus angemessen sein dürften. Die beiden negativsten Items der Umfrage – „in den Parteien wird ja doch nur gemauschelt“ und „es gibt keine Partei, die mich richtig vertritt“ – erreichen in West- und Ostdeutschland ähnlich hohe Zustimmungen. Doch die logische Folgerung, daß demgemäß „noch weitere Parteien zur Wahl“ stehen müßten, wird weitaus häufiger von westdeutschen Jugendlichen als von ostdeutschen gezogen.

Positive Eigenschaften der Parteien („die Parteien sind alles in allem zuverlässig und verantwortungsbewußt“ oder: „die Parteien vertreten die Bürger insgesamt recht gut“) werden von jungen Westdeutschen mit Zustimmungsquoten von 30 bzw. 34% deutlich häufiger unterstellt als von ihren Altersgenossen in Ostdeutschland. Die westdeutschen Jugendlichen nehmen die Parteien, kaum verwunderlich, mit ihren positiven und negativen Eigenschaften deutlich differenzierter bzw. profilierter wahr als die jungen Ostdeutschen, für die die „westlichen“ Parteien zunächst offenbar noch wenig Konturen hatten und für die Parteienpluralismus und Parteienkonkurrenz noch verhältnismäßig fremd waren. Vielleicht liegt hier der Grund, daß die Parteien von jungen Ostdeutschen insgesamt undifferenziert negativer wahrgenommen werden als von westdeutschen Jugendlichen.

Doch geht die Kritik an den Parteien und Politikern bei allen Unterschieden in dieselbe Richtung. Daß die Politiker sich „nicht darum kümmern, was der kleine Mann denkt“, findet unter West- und Ostdeutschen jeweils über 50% Zustimmung. Ähnlich häufig ist bei beiden aber auch die Überzeugung, daß Bürgerbeteiligung sich lohne (vgl. Tabellen 76 und 77):

Tabelle 76 (Frage 28 C)

„Die Abgeordneten und Politiker kümmern sich nicht darum, was der kleine Mann sagt und denkt“

	stimme zu %	teils/teils %	stimme nicht zu %
Gesamtdeutschland	55	23	19
Westdeutschland	56	22	19
Ostdeutschland	52	26	20

Quelle: Forschungsinstitut der Konrad-Adenauer-Stiftung, Archiv-Nr. 9104

Tabelle 77 (Frage 28 B)

„Wenn die Bürger sich stärker politisch beteiligen, nehmen die Politiker auch mehr Rücksicht auf die Meinung der Bevölkerung"

	stimme zu %	teils/teils %	stimme nicht zu %
Gesamtdeutschland	54	21	22
Westdeutschland	56	21	20
Ostdeutschland	47	24	27

Quelle: Forschungsinstitut der Konrad-Adenauer-Stiftung, Archiv-Nr. 9104

Der Wille zur politischen Partizipation rangiert unter jungen West- und Ostdeutschen gleichermaßen hoch, wie die Tabellen 78 und 79 ausweisen.

Tabelle 78: Gesellschaftliche Zielsetzungen (Frage 36)

	Gesamt %	West %	Ost %
Daß Sie in einer Gesellschaft leben, ...			
... die offen ist für neue Ideen und geistigen Wandel			
an erster Stelle	27	28	21
an zweiter Stelle	25	25	22
... in der die Bürger an allen Entscheidungen beteiligt sind			
an erster Stelle	29	30	27
an zweiter Stelle	30	30	29
... in der man es durch Leistung zu etwas bringen kann			
an erster Stelle	19	18	26
an zweiter Stelle	23	22	25
... in der Recht und Gesetz geachtet werden			
an erster Stelle	23	23	25
an zweiter Stelle	21	20	23

Quelle: Forschungsinstitut der Konrad-Adenauer-Stiftung, Archiv-Nr. 9104

Tabelle 79 (Frage 28 H)

„Leute wie ich haben genug mit ihren persönlichen Angelegenheiten zu tun, um die Politik sollen sich andere kümmern."

	stimme zu %	teils/teils %	stimme nicht zu %
Gesamtdeutschland	26	22	49
Westdeutschland	26	21	49
Ostdeutschland	24	23	49

Quelle: Forschungsinstitut der Konrad-Adenauer-Stiftung, Archiv-Nr. 9104

Die Vorstellung, daß regelmäßige Wahlteilnahme für die Demokratie hinreiche, wird von großen Mehrheiten in West und Ost abgelehnt:

Tabelle 80 (Frage 28 G)

„Es genügt, wenn man regelmäßig zur Wahl geht, mehr braucht man in einer Demokratie nicht zu tun."

	stimme zu %	teils/teils %	stimme nicht zu %
Gesamtdeutschland	15	17	63
Westdeutschland	16	17	62
Ostdeutschland	11	19	65

Quelle: Forschungsinstitut der Konrad-Adenauer-Stiftung, Archiv-Nr. 9104

Das Interesse für Politik ist unter den jungen Deutschen generell hoch, in Ostdeutschland ist es noch stärker als in Westdeutschland. Politisches Interesse ist zumeist kritisch akzentuiert, auch hier ähneln sich die Korrelationsmuster in West und Ost. Das politische Interesse ist unter den Sympathisanten von Bündnis 90/Grünen und der PDS in den neuen Bundesländern mit Abstand am höchsten, wie Tabelle 81 belegt:

Tabelle 81: Interesse und Engagement für Politik (Frage 23)

	sehr starkes/starkes Interesse			mittleres Interesse			kaum/überhaupt kein Interesse		
	Gesamt %	West %	Ost %	Gesamt %	West %	Ost %	Gesamt %	West %	Ost %
Insgesamt	30	30	29	40	38	46	29	31	24
Hauptschule	18	15	23	40	38	43	40	46	33
Lehre	24	24	24	43	42	47	32	33	29
Gymnasium/EOS	34	32	34	39	38	49	26	27	16
Hochschule	57	58	54	33	33	33	9	9	13
CDU-Präferenz	27	28	26	43	43	47	29	30	26
SPD-Präferenz	28	29	25	40	37	49	31	32	25
FDP-Präferenz	28	29	24	42	41	46	29	29	29
Grüne West	37	37	25	33	33	40	29	29	33
B90/Grüne	52	60	44	35	27	44	13	13	13
PDS	52	39	57	32	28	32	16	28	11

Quelle: Forschungsinstitut der Konrad-Adenauer-Stiftung, Archiv-Nr. 9104

Die Bedürfnisse nach politischer Partizipation laufen, auch dies ist für die alten Bundesländer nicht neu, an den politischen Parteien vorbei. Dies gilt jedenfalls für das manifeste politische Engagement. Ganze 5% erklären, aktiv in einer Partei bzw. ihrer Jugendorganisation mitzuarbeiten. Die aktive Parteiarbeit verteilt sich ziemlich gleichmäßig auf Jungsozialisten, Junge Union und Grüne/Bündnis 90 mit jeweils marginalen Quoten von 1 bis 2%. Daneben aber scheint die *Bereitschaft* zur Mitarbeit auch in Parteien höher zu sein, als häufig vermutet: 48% der Ost- und 46% der Westdeutschen wären hierfür möglicherweise zu gewinnen. Hierzu paßt, daß auch die Wirksamkeit der politischen Beteiligung in Parteien von den jungen Deutschen in West und Ost gleichermaßen beachtlich hoch eingeschätzt wird, wie Tabelle 82 zeigt:

Tabelle 82: Wirksamkeit der verschiedenen Formen der Beteiligung (Frage 35)

		Wirksam	
	Gesamt	West	Ost
	%	%	%
Beteiligung an Unterschriftensammlung	72	71	77
Teilnahme an politischer Demonstration	68	65	81
Besetzung von Gebäuden etc.	28	28	31
Politische Diskussionen führen	58	57	63
Parolen an die Wand sprühen	10	10	9
an Wahlen teilnehmen	84	83	86
Beschädigung fremden Eigentums	5	5	5
in Partei aktiv mitarbeiten	67	67	69
Beteiligung an spontanen Streiks	55	52	66
Mitarbeit in einer Bürgerinitiative	68	68	69
Handgreifliche Auseinandersetzungen	6	6	7
Wahlplakate demolieren	5	5	6
Politik in den Medien verfolgen	62	61	64
Freunde für eigene Ansichten gewinnen	52	52	53
Tragen von Plaketten/Aufklebern	28	27	32

Quelle: Forschungsinstitut der Konrad-Adenauer-Stiftung, Archiv-Nr. 9104

Die größte Sympathie gilt allerdings den Bürgerinitiativen und den neuen sozialen Bewegungen:

Tabelle 83: Beurteilung sozialer Bewegungen (Frage 7)

	finde ich gut und mache selbst mit			finde ich gut, mache aber selbst nicht mit			habe Verständnis dafür, mache aber selbst nicht mit			lehne ich ab		
	Gesamt %	West %	Ost %	Gesamt %	West %	Ost %	Gesamt %	West %	Ost %	Gesamt %	West %	Ost %
Umweltschützer	19	21	9	62	61	67	16	15	21	2	2	2
Atomkraftgegner	6	6	3	43	45	38	35	34	40	14	13	16
Friedensbewegung	9	9	8	55	52	65	27	29	23	6	7	3
rechtsradikale Gruppen	1	1	1	2	2	2	7	7	9	83	84	82
Hausbesetzer	1	1	1	5	6	5	27	26	27	59	59	58
Schülermitverwaltung	9	9	6	44	46	37	28	28	28	6	6	5
kirchl. Gruppen	8	8	5	25	26	22	43	43	44	15	16	13
Freie Deutsche Jugend (FDJ)	–	–	1	6	7	6	21	20	26	45	41	60
Punks	1	1	1	4	4	4	24	25	21	65	65	67
Skinheads	–	–	–	1	1	2	7	7	6	87	87	88
Gewerkschaftsjugend	2	2	2	22	22	21	40	41	37	13	14	11
Jungsozialisten, Falken	1	1	–	12	13	8	36	38	28	22	23	19
Junge Union/ Schülerunion	1	1	1	12	13	8	40	43	30	21	22	14
B 90/Grüne	1	1	2	27	26	33	45	45	44	19	21	13

Quelle: Forschungsinstitut der Konrad-Adenauer-Stiftung, Archiv-Nr. 9104

Im manifesten Engagement und in den Sympathien für Initiativen und Bewegungen werden interessante Unterschiede zwischen West- und Ostdeutschen erkennbar, in denen sich die alten politischen Koordinatensysteme der Bundesrepublik und der DDR widerspiegeln. Bei jungen Westdeutschen sind Umweltschutz- und Antikernkraftbewegung dominant, unter jungen Ostdeutschen ist es die Friedensbewegung. Engagement in Schülermitverwaltung und kirchlichen Gruppen ist im Westen häufiger als im Osten. Für Grüne/Bündnis 90 empfinden junge Ostdeutsche noch größere Sympathien als junge Westdeutsche. Minimal ist schließlich in den neuen Ländern die verbliebene Sympathie für die ehemalige Massenorganisation der FDJ, ganze 6% bekennen sich zur ihr (im Jahre 1991), 1% ist aktiv engagiert.

Die spontanen Möglichkeiten politischer Teilnahme genießen in West- und Ostdeutschland ebenfalls große Sympathien und dies mit ähnlich hohen Quoten:

Tabelle 84: Möglichkeiten politischer Teilnahme (Frage 34)

	habe es bereits getan			würde es möglicherweise tun			kommt nicht in Frage		
	Gesamt %	West %	Ost %	Gesamt %	West %	Ost %	Gesamt %	West %	Ost %
Beteiligung an Unterschriftensammlung	49	50	46	38	37	43	11	11	10
Teilnahme an politischer Demonstration	32	31	38	42	40	47	25	28	15
Besetzung von Gebäuden etc.	5	5	4	21	21	23	73	73	72
Politische Diskussionen führen	43	41	48	36	37	35	20	21	16
Parolen an die Wand sprühen	4	4	3	10	10	10	85	84	87
an Wahlen teilnehmen	63	63	61	29	29	32	7	7	6
Beschädigung fremden Eigentums	3	3	2	3	3	4	93	92	94
in Partei aktiv mitarbeiten	5	5	6	46	46	48	47	47	46
Beteiligung an spontanen Streiks	10	9	11	46	44	57	42	45	31
Mitarbeit in einer Bürgerinitiative	6	7	5	57	57	59	35	35	35
Handgreifliche Auseinandersetzungen	2	2	2	7	6	8	90	90	89
Wahlplakate demolieren	4	4	2	8	8	8	87	87	90
Politik in den Medien verfolgen	66	66	70	22	22	24	10	11	6
Freunde für eigene Ansichten gewinnen	27	28	27	38	38	40	34	34	33
Tragen von Plaketten/ Aufklebern	13	13	14	31	30	36	55	56	50

Quelle: Forschungsinstitut der Konrad-Adenauer-Stiftung, Archiv-Nr. 9104

Interessant sind hier die höheren Anteile der Ostdeutschen für die Beteiligung an politischen Demonstrationen, politischen Diskussionen und „spontanen Streiks“ sowie das demonstrative Tragen von Plaketten, Aufklebern etc. Hier wird der Nachteil der friedlichen Revolution fast greifbar.

6. Gewaltpotentiale

Gegenüber den zum Teil hohen Zustimmungsraten zu konventionellen und auch unkonventionellen Formen politischer Beteiligung wird die Bereitschaft zu illegalen und gewalttätigen Aktionen, wie Handgreiflichkeiten, Demolierung von Wahlplakaten, Beschädigung fremden Eigentums oder Besprühen von Wänden nur von sehr wenigen erklärt. Die Quoten für manifestes illegales Verhalten liegen hier unter 5%, die Bereitschaft dazu unter 10%, gleichermaßen in West- und Ostdeutschland. Eine Ausnahme hiervon machen anscheinend „Hausbesetzungen". Zu ihnen wären mehr als 20% der jungen West- und Ostdeutschen unter Umständen bereit. „Besetzungen" scheinen unter Jugendlichen als etwas „Besseres" zu gelten als andere Gesetzwidrigkeiten. Die Wirksamkeit legaler politischer Beteiligung in organisierter und unorganisierter, spontaner Form wird von den Befragten fast durchgängig außerordentlich hoch eingeschätzt. Junge Ostdeutsche erwarten hiervon noch mehr als Westdeutsche. Dies gilt für Demonstrationen, Unterschriftensammlungen, Diskussionen, aber auch für Streiks – und wiederum für die Besetzung von Gebäuden u.ä. Den anderen illegalen und gewaltsamen Aktivitäten wird, wie Tabelle 82 zeigt, nur eine sehr geringe Wirksamkeit zugeschrieben. Insgesamt sympathisieren die jungen Ostdeutschen stärker noch als junge Westdeutsche mit nicht organisierten, spontanen und basisdemokratischen Formen politischer Beteiligung und Einflußnahme. Zudem haben sie noch höhere Erwartungen an die Wirksamkeit dieser Aktivitäten als ihre westdeutschen Altersgenossen.

Etwa in der Größenordnung der gewaltbereiten Jugendlichen dürfte auch das Potential für Rechtsradikale liegen (vgl. Tabelle 83). Die passiven Sympathien für rechtsradikale Gruppen und Skinheads dürften noch etwas höher sein, bei etwa 7%. Auf der anderen Seite sind die Ablehnungsquoten gegenüber diesen Gruppen in West und Ost die mit Abstand höchsten. Sie liegen deutlich über 80%. Rechtsradikale sind also weit davon entfernt, hoffähig zu sein. Auf größere Sympathien unter ihren Altersgenossen können sie nach allen empirischen Erkenntnissen nicht rechnen. Die Sympathie gegenüber der „linken" Szene, z.B. den Punks, ist mit ca. 28% deutlich größer; die aktive Beteiligung liegt allerdings ebenfalls niedrig mit ca. 1%.

7. Parteiensympathien und politische Probleme in Ost und West

In den Parteiensympathien der jungen Deutschen gibt es einige bemerkenswerte Unterschiede zwischen Ost und West:

Tabelle 85: Rangordnung der Parteien (Frage 30.1)

	Gesamt %	Männl. %	Weibl. %	Männl. West %	Weibl. West %	Männl. Ost %	Weibl. Ost %
CDU/CSU	27	27	26	28	27	25	22
SPD	42	42	42	44	43	37	38
FDP	8	8	7	7	7	10	10
Grüne West	12	10	14	12	16	3	5
Bündnis 90/Grüne Ost	6	6	6	4	4	16	17
PDS	1	1	1	1	–	4	5
Keine Angabe	4	5	4	5	4	5	4

Quelle: Forschungsinstitut der Konrad-Adenauer-Stiftung, Archiv-Nr. 9104

Die SPD ist nach ihren Präferenzen in beiden Teilen Deutschlands stärkste Partei, allerdings in Ostdeutschland mit deutlich geringeren Anteilen. Mit beträchtlichem Abstand rangiert die CDU an zweiter Stelle, ebenfalls in den neuen Ländern niedriger als in den alten. Dagegen genießen Bündnis 90/Grüne sowie die FDP in Ostdeutschland größere Sympathien als in Westdeutschland.

Auch wenn die Parteiensympathien des Sommers 1991 aufgrund der altersmäßigen Zusammensetzung der Umfrage (15- bis 25jährige) nicht genau mit dem Wahlverhalten der Jungwähler (18 bis 24 Jahre) bei der Bundestagswahl 1990 (s. Tabelle 86) verglichen werden können, zeigen sich doch tendenziell beträchtliche Verschiebungen in den Parteipräferenzen:

Tabelle 86: Wahlverhalten bei der Bundestagswahl 1990 insgesamt und nach Alter und Geschlecht

	Gebiet	18-24 J. %	25-34 J. %	35-44 J. %	45-59 J. %	60 J. u. ä. %	Männer %	Frauen %	insgesamt %
Wahlbeteiligung*	Deutschland	62,9	68,7	77,5	83,8	80,7	77,0	75,7	76,3
	West	64,8	69,9	78,0	84,1	80,7	77,8	76,1	76,9
	Ost	55,3	64,4	75,9	82,6	80,5	73,9	74,1	74,0
CDU/CSU	Deutschland	35,6	34,7	39,6	46,5	51,7	42,0	44,8	43,4
	West	36,1	34,2	39,5	47,6	53,1	42,6	45,3	44,0
	Ost	33,0	36,8	40,2	42,8	46,6	39,4	43,1	41,4
SPD	Deutschland	34,4	38,2	34,7	32,1	31,8	34,1	33,6	33,8
	West	37,1	41,8	38,3	34,4	33,2	36,5	36,2	36,4
	Ost	22,3	24,1	21,8	24,1	26,3	24,7	23,6	24,1
FDP	Deutschland	10,5	9,7	12,6	12,4	9,0	11,0	10,6	10,8
	West	10,2	9,1	11,9	11,8	8,5	10,6	10,0	10,3
	Ost	11,8	12,1	15,0	14,6	10,9	13,0	13,0	13,0
Grüne**	Deutschland	10,2	9,7	6,2	2,4	0,9	4,6	4,9	4,7
	West	9,8	9,8	6,1	1,9	0,7	4,6	4,6	4,6
	Ost	12,2	9,1	6,7	4,1	1,6	5,2	5,8	5,5
REP	Deutschland	3,6	2,4	2,0	1,9	1,8	3,1	1,3	2,2
	West	3,5	2,5	2,2	2,3	2,2	3,4	1,5	2,4
	Ost	4,4	2,3	1,5	0,7	0,3	2,3	0,6	1,4
PDS	Deutschland	2,5	2,8	2,9	2,6	2,5	2,8	2,5	2,6
	West	0,5	0,5	0,5	0,2	0,1	0,4	0,2	0,3
	Ost	11,5	11,8	11,6	11,3	11,7	12,3	10,9	11,5
Sonstige	Deutschland	3,2	2,5	2,0	2,0	2,3	2,3	2,3	2,3
	West	2,8	2,1	1,6	1,7	2,2	2,0	2,1	2,1
	Ost	4,8	3,7	3,2	2,5	2,6	3,2	3,0	3,1

* Urnenwähler gemessen an den Urnenwahlberechtigten

** Wahlgebiet Ost: Bündnis 90/Grüne

Quelle: Forschungsinstitut der Konrad-Adenauer-Stiftung, Archiv-Nr. 9104

Bei der Bundestagswahl 1990 war die CDU/CSU bei Jungwählern noch mit 35,6% stärkste Partei vor der SPD mit 34,4%. Die Union hat also beträchtliche Sympathieeinbußen zu verzeichnen, während die SPD kräftig zugelegt hat. Sympathiegewinne können auch Bündnis 90/Grüne verzeichnen, während die FDP leicht rückläufig ist. Starke Einbußen hatte die PDS, die noch im Dezember 1990 in den neuen Ländern auf 11,5% unter Jungwählern kam. Die Republikaner-Partei erreichte schließlich 1990 deutschlandweit 3,6%, in Ostdeutschland war ihr Anteil mit 4,4% überdurchschnittlich hoch.

Bei der ideologischen Selbstpositionierung auf der Links-Rechts-Skala (Tabelle 87) zeigt sich zunächst eine weitgehende Übereinstimmung bei jungen West- und Ostdeutschen:

Tabelle 87: Rechts-Links-Positionierung (Frage 32)

	Links			Mitte			Rechts		
	Gesamt %	West %	Ost %	Gesamt %	West %	Ost %	Gesamt %	West %	Ost %
Insgesamt	39	39	39	25	24	29	24	25	21
Männlich	39	40	38	22	22	26	27	28	25
Weiblich	39	39	40	26	25	32	21	22	16
CDU-Präferenz	11	9	17	26	25	27	52	53	45
SPD-Präferenz	50	52	43	25	23	32	14	14	14
FDP-Präferenz	22	21	26	35	35	36	35	37	28
Grüne West	63	65	35	20	18	40	8	8	5
B90/Grüne	70	73	67	18	14	22	5	6	6
PDS	76	67	82	5	–	7	13	33	5

Quelle: Forschungsinstitut der Konrad-Adenauer-Stiftung, Archiv-Nr. 9104

Interessant ist hier nur die etwas geringere Verortung der Ostdeutschen rechts der Mitte. In der Verbindung mit Parteipräferenzen zeigen sich bei den jungen Deutschen in West und Ost ähnliche Unterschiede, wie sie schon bei den Einschätzungen der Parteien als Institutionen beobachtet werden konnten. Während in den alten Bundesländern die Parteien ideologisch eindeutiger polarisiert mit Selbstpositionierungen der Jugendlichen links und rechts der Mitte wahrgenommen bzw. präferiert werden, gilt dies für die Volksparteien in den neuen Ländern weniger. Dort werden sie ideologisch noch heterogener, breiter und somit auch politisch unkonturierter gesehen. Ähnliches gilt für Bündnis 90/Grüne, die im Westen eindeutiger „links" verortet sind als in Ostdeutschland. Ein eindeutig „linkes" Profil hat vor allem für die jungen Ostdeutschen die PDS, die kurioserweise von einem Teil der Westdeutschen bevorzugt wird, die sich selbst „rechts" plazieren.

Den Schluß dieses Kapitels bilden die unterschiedlichen politischen Problemeinschätzungen in West- und Ostdeutschland:

Tabelle 88 (Frage 24)[1]

„Welches sind für Sie die wichtigsten politischen Probleme?"

	Gesamt %	West %	Ost %
Umweltschutz	25	27	18
Wirtschaftsprobleme durch Deutsche Einheit	21	24	10
Arbeitsmarkt	16	12	31
Frieden, Krieg, Abrüstung	9	8	13
Wirtschaftsprobleme	8	5	18
Steuerpolitik	7	8	–
Ausländerproblem	7	7	8
Sozialwesen	6	8	–
Wohnungsnot	5	6	–
Außenpolitik	3	3	3
Dritte Welt	3	3	4
Kritik an Regierung, Parteien, Personen	3	3	3
Frauen, Familie, Gesundheit	2	2	–
Staatsverschuldung	2	2	–
Konflikt im Nahen Osten	2	2	3
innere Sicherheit	2	2	–
Osteuropa	2	2	2
Radikalismus	2	1	5
soziale Unsicherheit	2	–	11
Sicherheitspolitik	1	1	–
Energiewirtschaft	1	1	–
internationale Lage	–	–	3
Innenpolitik	1	–	2
Einkommen, Miete, Preise	1	–	4
Sonstiges	2	1	4

Quelle: Forschungsinstitut der Konrad-Adenauer-Stiftung, Archiv-Nr. 9104

Hier zeigt sich, wie verschieden die politischen Parameter sind, an denen sich die jungen Ostdeutschen und die jungen Westdeutschen orientieren können bzw. müssen. Arbeitsplätze, wirtschaftliche Probleme und soziale Verwerfungen dominieren die politischen Problemsichten der jungen Ostdeutschen. Umweltschutz und die Aufwendungen für den Aufbau der Wirtschaft in den neuen Bundesländern, Steuerpolitik sowie Wohnungsnot sind für die jungen Westdeutschen gewichtiger als für ihre Altersgenossen in den neuen Bundesländern.

Aber so groß die Unterschiede aufgrund der akuten Problemlagen in Ostdeutschland noch sind, so wenig geben sie für die These von der Entwicklung zweier Identitäten her. Dies mag für bestimmte höhere Altersgruppen mit hochgradiger Identifikation mit dem alten Regime gelten, für die Masse

1 „–" bedeutet: „nicht genannt"

der jungen Ostdeutschen gibt es hierfür keine Ansatzpunkte. Vor allem in dem weiten Feld des Bürgerverständnisses, des politischen Interesses und der politischen Partizipation überraschen viele Ähnlichkeiten in den Einstellungen und Verhaltensweisen.

Daß das Institutionengefüge und das Parteiensystem der Bundesrepublik für viele junge Ostdeutsche noch kein ausgeleuchtetes Terrain ist und aus kritischer Distanz mit besonderem Mißtrauen beurteilt wird, kann vor dem parteipolitischen Erfahrungshorizont der Jugendlichen kaum überraschen und sollte nicht überbewertet werden.

Viele Informations- und Lernprozesse haben erst begonnen, und sie brauchen Zeit. Politische Orientierungsfähigkeit und Urteilskraft lassen sich von den persönlichen Erfahrungen nicht lösen, und diese sind nicht über Nacht aus den Köpfen zu verbannen oder einfach umzupolen. Eigentlich hätte man angesichts der krassen Unterschiede in den Rahmenbedingungen der politischen Sozialisation wesentlich größere Diskrepanzen erwarten können! Dies ist nach Ausweis der Daten keineswegs durchgängig oder auch nur überwiegend der Fall. Manches wirkt im politischen Denken der jungen Ostdeutschen noch nach, wenn auch eigentümlich kontrastiert: Die positive Sozialismusidee einerseits, das Mißtrauen gegenüber staatlicher Macht andererseits. Aber in den Grundmustern der politischen Interessen und Aktivitäten werden bereits gesamtdeutsche Analogien wirksam.

Kapitel VI

Einstellungen und Lebensperspektiven weiblicher Jugendlicher

Barbara Hille

Die Frage nach geschlechtsspezifischen Differenzen bleibt bedeutsam, zumindest solange sich daraus negative Auswirkungen für die weiblichen Jugendlichen und Frauen ergeben. Im Hinblick auf die schulische und berufliche Qualifikation erreichen die weiblichen Jugendlichen und jungen Frauen in Ost- und Westdeutschland inzwischen im Vergleich zu den männlichen Jugendlichen analoge, teils höhere Qualifikationen (Hille 1993).

In der Arbeitswelt bestehen jedoch Benachteiligungen fort. Die geringe Vertretung von Frauen in politischen Gremien verhindert bzw. erschwert außerdem eine Artikulation und Durchsetzung spezieller Fraueninteressen, z.B. zugunsten einer lebenslangen Koordination von Familie und Beruf.

Hemmnisse resultieren auch aus über Jahrzehnte fortbestehenden „traditionellen" Rollenvorstellungen und Lebensperspektiven insbesondere bei den Männer.

In den westlichen Jugendstudien wird allerdings im Vergleich der letzten zwei Jahrzehnte (Jaide/Veen 1989, S. 153-174) eine zunehmende Angleichung in den Einstellungen und Zukunftsperspektiven weiblicher und männlicher Jugendlicher sichtbar. Demgegenüber traten bei den Jugendlichen in der DDR erstaunlicherweise die traditionellen geschlechtsspezifischen Differenzen teilweise deutlicher hervor (Hille 1990c) – und zwar trotz der seit den fünfziger Jahren eingeleiteten Maßnahmen zugunsten der analogen schulischen und beruflichen Qualifikation für Frauen.

Mit der vorliegenden Jugenduntersuchung werden *direkte Vergleiche* zwischen weiblichen und männlichen Jugendlichen in Ost- und Westdeutschland möglich.

Die wichtigsten Tendenzen und Daten, die in den verschiedenen Kapiteln dieses Buches abzulesen sind, sollen hier mit Blick auf die weiblichen Jugendlichen unter der speziellen Fragestellung nach geschlechtsspezifischen Unterschieden in Ost- und Westdeutschland komprimiert zusammengestellt werden. Sie beziehen sich auf die in der Studie erfaßten zentralen Lebensbereiche:

- Einstellungen zu Familie und Partnerschaft,
- Lebensgrundstimmungen,
- Stellenwert des Berufes,
- Verhältnis zu Staat und Gesellschaft nach der deutschen Vereinigung.

1. Einstellungen zu Familie und Partnerschaft

Die Lebens- und Wohnverhältnisse der männlichen und weiblichen Jugendlichen in Ost und West prägen ihr Verhältnis zu Familie und Partnerschaft. Sie stellen sich mit Blickrichtung auf die weibliche Jugend wie folgt dar:

Tabelle 89: Lebensverhältnisse und Familienstand (Fragen 53, 54)

	Ost		West	
	w. %	m. %	w. %	m. %
Die weiblichen Befragten ...				
leben häufiger mit einem festen Freund zusammen	14	10	11	7
wohnen zu geringerem Anteil bei den Eltern	46	56	48	55
haben häufiger eine Bindung an einen festen Freund (ohne mit ihm zusammenzuwohnen), die weiblichen Jugendlichen im Westen etwas häufiger	26	23	31	28
sind dementsprechend seltener ohne festen Partner, besonders im Osten	36	54	41	52
sind häufiger verheiratet, die weiblichen Jugendlichen Ost wesentlich häufiger als die weiblichen Jugendlichen West	20	10	8	3
die ostdeutschen weiblichen Jugendlichen haben bereits in größerer Zahl Kinder	28	13	8	3

Quelle: Forschungsinstitut der Konrad-Adenauer-Stiftung, Archiv-Nr. 9104

Im *Vertrauensbezug zu den Eltern* zeigen sich keine geschlechtsspezifischen Differenzen; er ist bei weiblichen und männlichen Jugendlichen in Ostdeutschland noch stärker ausgeprägt (vgl. Kap. III):

Tabelle 90: Vertrauenspartner (Frage 8) *(Mehrfachnennungen)*

	Ost		West	
	w. %	m. %	w. %	m. %
Vertrauensbezug zu den Eltern	65	63	54	53
Vertrauensbezug zu den Geschwistern	24	20	24	22
Vertrauensbindung an den Freund	46	37	49	42
Vertrauensbezug zur Freundin	42	38	49	42

Quelle: Forschungsinstitut der Konrad-Adenauer-Stiftung, Archiv-Nr. 9104

Hier wird im Vergleich zu den Jungen der stärkere Bezug der Mädchen zu Freund (und Freundin) deutlich.

Das von beiden Geschlechtern geäußerte große Vertrauen zu den Eltern geht (verständlicherweise) nicht unbedingt einher mit dem Wunsch, wie die Eltern zu leben:

Tabelle 91: Leben wie die Eltern (Frage 37)

	Ost		West	
	w.	m.	w.	m.
	%	%	%	%
ein Leben wie die Eltern wünschen	21	16	23	24

Quelle: Forschungsinstitut der Konrad-Adenauer-Stiftung, Archiv-Nr. 9104

Unter den Lebenszielen rangieren Partnerschaft, Ehe und Familie bei den weiblichen Jugendlichen etwas höher als bei den männlichen. Die konkreten Vorstellungen zu Partnerschaft, Familienleben, Kinderwunsch sind allerdings bei weiblichen und männlichen Jugendlichen in Ost- und Westdeutschland nahezu analog:

Tabelle 92: Lebensziele und Wünsche zu Partnerschaft und Familie (Frage 37)

	Ost		West	
	w.	m.	w.	m.
	%	%	%	%
glückliches Zusammenleben mit dem Partner	95	92	90	88
Treue in der Partnerschaft	95	92	87	85
ein glückliches Familienleben mit Kindern	87	86	77	70
Dagegen wird die kinderfeindliche These *abgelehnt*:				
„Wer heute noch Kinder in die Welt setzt, handelt verantwortungslos“	74	78	72	69

Quelle: Forschungsinstitut der Konrad-Adenauer-Stiftung, Archiv-Nr. 9104

2. Lebensgrundstimmungen

Interessant sind im Zusammenhang mit den Lebensperspektiven die Grundstimmungen der Jugendlichen bezogen auf Gegenwart und Zukunft, auf die gesellschaftliche und wirtschaftliche Situation und auf die eigene Person. Hierbei zeigen sich zwischen den Geschlechtern unterschiedliche Tendenzen, die im Osten etwas deutlicher ausgeprägt sind als im Westen. So äußern die weiblichen Jugendlichen (Ost) etwas häufiger Befürchtungen und Ängste – und etwas weniger Optimismus.

2.1 Optimismus versus Befürchtungen

Tabelle 93: Zukunftserwartungn (Fragen 12, 13, 46, 39)

	Ost		West	
	w.	m.	w.	m.
	%	%	%	%
„Sehen Sie der Zukunft eher mit Zuversicht oder eher mit Befürchtungen entgegen?"				
eher mit Zuversicht	67	72	76	74
eher mit Befürchtungen	31	27	19	21
„Ich habe Angst vor der Zukunft."				
meistens	9	6	4	5
manchmal	43	33	34	28
nie	15	23	20	28
„Ich habe Angst vor den wirtschaftlichen Folgen der Einheit Deutschlands."				
sehr stark/stark	31	24	33	34
kaum/überhaupt nicht	27	38	28	32
„Wie sehen Sie Ihre persönliche Zukunft."				
optimistisch	30	34	38	40
eher optimistisch als pessimistisch	52	50	51	47

Quelle: Forschungsinstitut der Konrad-Adenauer-Stiftung, Archiv-Nr. 9104

Auffällig ist der bei beiden Geschlechtern größere Optimismus hinsichtlich der persönlichen Zukunft im Vergleich zur Einschätzung der generellen Entwicklung in Gegenwart und Zukunft.

Auch die ehemals in DDR-Zeiten optimistische Bewertung von technischem Fortschritt hat sich bei den ostdeutschen Jugendlichen vermindert.

„Technischer Fortschritt zerstört unser Leben" (Frage 37 B) wird mit höheren Quoten von den weiblichen Jugendlichen bejaht, sowohl im Osten wie im Westen.

Dementsprechend wird die Gegenfrage, ob technischer Fortschritt den Lebensstandard garantiert, von den weiblichen Befragten zu etwas geringerem Anteil bejaht als von den männlichen Jugendlichen in Ost und West.

2.2 Zufriedenheit

Die Zufriedenheit mit der augenblicklichen Situation ist bei den Jugendlichen in Ostdeutschland geringer als in Westdeutschland. Geschlechtsspezifische Differenzen sind dabei geringfügig:

Tabelle 94: Zufriedenheit mit der augenblicklichen Lebenssituation (Frage 11)

	Ost		West	
	w.	m.	w.	m.
	%	%	%	%
zufrieden	28	24	40	37
einigermaßen zufrieden	35	39	38	38

Quelle: Forschungsinstitut der Konrad-Adenauer-Stiftung, Archiv-Nr. 9104

Bei speziellen Fragen, z.B. zur Wiedervereinigung sowie zur Demokratie, verändert sich das Bild. Die Freude über die Wiedervereinigung ist bei den Jugendlichen in Ostdeutschland relativ groß, größer als bei den westdeutschen Jugendlichen. Die Zufriedenheit mit der Demokratie ist eher gedämpft.

Tabelle 95: Wiedervereinigung und Demokratiezufriedenheit (Fragen 39, 25)

	Ost		West	
	w.	m.	w.	m.
	%	%	%	%
Freude an der Wiedervereinigung (Frage 39)				
sehr stark/stark	53	63	46	45
kaum/überhaupt nicht	9	6	13	17
Zufriedenheit mit der Demokratie in Deutschland (Frage 25)				
sehr zufrieden	6	9	28	27
einigermaßen zufrieden	72	72	62	62

Quelle: Forschungsinstitut der Konrad-Adenauer-Stiftung, Archiv-Nr. 9104

Zur Frage nach der Wiedervereinigung äußern sich die weiblichen Jugendlichen in Ostdeutschland etwas reservierter als die männlichen.

Auffällig sind bei den weiblichen Jugendlichen in Ostdeutschland die Diskrepanzen zwischen der allgemeinen Stimmungslage und der Einschätzung der eigenen Person. Einerseits äußern sie mehr universelle Ängste und Befürchtungen, andererseits schätzen sie ihre persönliche Situation positiver ein und beurteilen sich selbst als „lebensfroh und glücklich".

Tabelle 96: Selbsteinschätzungen (Frage 13)

	Ost		West	
	w.	m.	w.	m.
	%	%	%	%
„Ich fühle mich einsam und allein."				
meistens/manchmal	29	28	27	23
nie	24	26	28	33
„Ich bin ein lebensfroher und glücklicher Mensch"				
meistens	71	63	64	62
manchmal	24	31	31	32
„Ich traue mir zu, das zu erreichen, was ich mir vornehme."				
meistens	57	59	58	64
manchmal	37	35	36	30
„Ich bin voller Tatendrang"				
meistens	37	37	42	42
manchmal	52	52	49	48

Quelle: Forschungsinstitut der Konrad-Adenauer-Stiftung, Archiv-Nr. 9104

3. Verhältnis zur Arbeit

3.1 Stellenwert des Berufes

Die Zuwendung zu einem Lebensberuf ist längst auch für die weiblichen Jugendlichen zur Selbstverständlichkeit geworden – besonders in Ostdeutschland. Interessant sind zugleich die Unterschiede zwischen männlichen und weiblichen Jugendlichen in der Bewertung von beruflicher Karriere. Bislang ist der Wunsch nach einer beruflichen „Karriere" bei den weiblichen Jugendlichen deutlich schwächer ausgeprägt.

Tabelle 97: Bedeutung von Arbeit und Karriere (Fragen 10, 37)

	Ost		West	
	w.	m.	w.	m.
	%	%	%	%
Bedeutung der Arbeit				
sehr große Bedeutung der Arbeit	56	55	46	41
große Bedeutung	33	36	39	42
„Ich möchte beruflich Karriere machen"				
Zustimmung +3 / +2	58	71	47	58
+1	17	15	24	23

Quelle: Forschungsinstitut der Konrad-Adenauer-Stiftung, Archiv-Nr. 9104

In diesem Zusammenhang ist das von den männlichen Jugendlichen in Ost und West häufiger geäußerte Selbstvertrauen zu beachten (Frage 13 C; s. Kap. II).

Hinsichtlich der Koordination von Familie und Beruf (Frage 45) votieren die weiblichen Befragten in Ost und West zwar stärker als die männlichen für „Familie ist wichtiger als Beruf".

Tabelle 98: Familie und Beruf (Frage 45)

	Ost		West	
	w.	m.	w.	m.
	%	%	%	%
Familie wichtiger als Beruf	43	35	50	44
Familie gleich wichtig	55	62	45	49

Die Aufgabe des Berufes zugunsten der Betreuung von Kindern wird jedoch von den weiblichen Jugendlichen – besonders in Ostdeutschland – deutlich abgelehnt:

	Ost		West	
	w.	m.	w.	m.
	%	%	%	%
stimme nicht zu	51	35	31	27

Quelle: Forschungsinstitut der Konrad-Adenauer-Stiftung, Archiv-Nr. 9104

3.2 Berufswahlmotivationen

Unter den Motiven für die Berufswahl spielt bei den weiblichen Jugendlichen in Ost und West das Motiv „eine mich persönlich befriedigende Aufgabe" eine wichtige Rolle. Ebenfalls das Motiv „etwas für andere Menschen tun" wird relativ stärker von weiblichen Jugendlichen benannt.

Tabelle 99: Berufswahlmotivationen (Frage 4) *(Mehrfachnennungen)*

	Ost		West	
	w.	m.	w.	m.
	%	%	%	%
etwas für andere Menschen tun	31	13	21	13
eine mich persönlich befriedigende Aufgabe	43	30	44	40

Quelle: Forschungsinstitut der Konrad-Adenauer-Stiftung, Archiv-Nr. 9104

Das Motiv „im Leben vorwärtskommen" wird dagegen von den Mädchen im Vergleich zu den Jungen, entsprechend ihrer geringeren Karriereorientierung, in geringerem Maße reklamiert.

Nach vollzogener Berufswahl findet eine gewisse Bedeutungsverschiebung unter den Motiven statt. Der Wunsch nach einer „persönlich befriedigenden Aufgabe“ hält sich relativ konstant. Der Wunsch nach „Selbständigkeit“ tritt demgegenüber besonders bei den Mädchen in Ostdeutschland im Zusammenhang mit der Praxiserfahrung zurück.

Der Wunsch nach einem „sicheren Arbeitsplatz“ ist bei den männlichen (und weiblichen) Jugendlichen in Westdeutschland stärker ausgeprägt:

Tabelle 100: Berufseinmündungsmotivation (Frage 6) *(Mehrfachnennungen)*

	Ost		West	
	w. %	m. %	w. %	m. %
befriedigende Aufgabe	38	32	38	33
Selbständigkeit	16	21	21	22
im Leben vorwärts kommen	15	23	20	27
sicherer Arbeitsplatz	27	34	40	47

Quelle: Forschungsinstitut der Konrad-Adenauer-Stiftung, Archiv-Nr. 9104

In den Differenzen zwischen männlichen und weiblichen Jugendlichen mögen sich teilweise noch traditionelle geschlechtsspezifische Prägungen andeuten, wonach beruflicher Erfolg, Karriere und ein gesicherter Arbeitsplatz für den Mann als „Ernährer“ der Familie wichtiger erscheinen.

3.3 Leistungsorientierung

Dagegen stimmen männliche und weibliche Jugendliche darin überein, daß Leistung und Erfolg zum Leben dazugehören. Die männlichen Jugendlichen in Ostdeutschland sind am stärksten leistungsorientiert:

Tabelle 101: Einstellung zur beruflichen Leistung (Frage 37)

		Ost		West	
		w. %	m. %	w. %	m. %
„Für mich gehören Leistung und Erfolg zum Leben dazu.“					
Zustimmung	+3 / +2	73	76	56	61
	+1	14	13	21	21
„Ich werde versuchen, mich dem Leistungsdruck zu entziehen, weil ich ihn entschieden ablehne.“					
Ablehnung	-1	14	13	18	17
	-2 / -3	43	51	24	33

Quelle: Forschungsinstitut der Konrad-Adenauer-Stiftung, Archiv-Nr. 9104

Die Zufriedenheit sowohl mit der Ausbildung wie mit der Berufstätigkeit wird vor allem von den weiblichen Jugendlichen im Westen etwas stärker betont als von den männlichen.

Tabelle 102: Befriedigung in der Arbeit (Frage 5)

	Ost		West	
	w.	m.	w.	m.
	%	%	%	%
Arbeit macht Spaß	54	52	65	61
geht so	37	42	29	33

Quelle: Forschungsinstitut der Konrad-Adenauer-Stiftung, Archiv-Nr. 9104

Dieses Ergebnis entspricht Befunden aus anderen Untersuchungen, wonach weibliche Jugendliche sowie Studentinnen ihre Erfahrungen in Schule und Studium ebenfalls positiver einschätzen.

4. Verhältnis zur Politik

4.1 Vertrauen in Staat und Parteien

Zu den Fragen nach dem Vertrauen in politische bzw. administrative Institutionen äußern sich die Ostdeutschen zurückhaltender als die Westdeutschen – von ihnen die weiblichen Befragten noch reservierter als die männlichen.

Tabelle 103: Vertrauen in Staat und Parteien (Fragen 28, 31)

		Ost		West	
		w.	m.	w.	m.
		%	%	%	%
„Alles in allem kann man darauf vertrauen, daß der Staat das Richtige für die Bürger tut."					
Zustimmung	+3 / +2	9	11	12	11
Nichtzustimmung	-2 / -3	25	26	26	24
„Die Parteien sind alles in allem zuverlässig und verantwortungsbewußt."					
Zustimmungen	+3 / +2	7	8	12	12
Ablehnungen	-2 / -3	21	25	12	21
„Die Parteien vertreten die Bürger insgesamt recht gut."					
Zustimmungen	+3 / +2	11	12	12	11
Ablehnungen	-2 / -3	20	22	18	18

Quelle: Forschungsinstitut der Konrad-Adenauer-Stiftung, Archiv-Nr. 9104

Das Ausmaß an Zustimmung und Vertrauen, insbesondere gegenüber den Parteien, ist bei beiden Geschlechtern insgesamt gering.

Größer ist das Vertrauen in die Gerichte (in Ost und West) und in die Polizei vor allem bei den westdeutschen Jugendlichen (s. Kap. V). Die Bewertungen der westdeutschen Jugendlichen sind bei diesen Fragen generell positiver.

Tabelle 104: Vertrauen in Institutionen (Frage 29)

	Ost		West	
	w.	m.	w.	m.
	%	%	%	%
1 = großes Vertrauen/Vertrauen 2 = wenig/kein Vertrauen				
Bundesregierung				
1	26	29	32	31
2	30	30	25	28
Polizei				
1	35	34	56	52
2	31	33	15	19
Gerichte				
1	45	42	57	56
2	21	23	13	16

Quelle: Forschungsinstitut der Konrad-Adenauer-Stiftung, Archiv-Nr. 9104

4.2 Politisches Interesse

Politisches Interesse wird von den weiblichen Jugendlichen weniger bekundet als von den männlichen – und zwar analog in Ost und West.

Tabelle 105: Politisches Interesse (Fragen 23, 10, 28, 37, 10)

	Ost		West	
	w.	m.	w.	m.
	%	%	%	%
„Wie stark interessieren Sie sich für Politik?“				
sehr starkes/starkes Interesse	25	33	25	35
kaum/überhaupt kein Interesse	24	23	35	27
„Das Lebensziel, sich politisch zu engagieren.“				
sehr große/große Bedeutung	14	14	17	18
geringe/überhaupt keine Bedeutung	56	57	52	47
„Wenn die Bürger sich stärker politisch beteiligen, nehmen die Politiker auch mehr Rücksicht auf die Meinung der Bevölkerung.“				
stimme zu +3 / +2 / +1	44	50	54	58
stimme nicht zu -1 / -2 / -3	26	27	21	19
„Mein eigenes Lebensglück ist mir wichtiger, als mich dauernd mit den Problemen dieser Welt zu beschäftigen.“				
stimme zu +3 / +2 / +1	39	44	47	52
stimme nicht zu -1 / -2 / -3	38	31	25	23
„Das Leben genießen, man lebt nur einmal.“				
sehr große/große Bedeutung	74	75	76	81
geringe/überhaupt keine Bedeutung	5	4	5	3

Quelle: Forschungsinstitut der Konrad-Adenauer-Stiftung, Archiv-Nr. 9104

4.3 Formen politischer Partizipation

Politisches Engagement, insbesondere die aktive Mitarbeit in Parteien, ist bei allen Befragten relativ gering. Zu unkonventionellen politischen und sozialen Teilnahmeformen und Aktivitäten bekunden die weiblichen Befragten Ost demgegenüber eine relativ höhere Zustimmung. Insgesamt sind die geschlechtsspezifischen Unterschiede jedoch gering:

Tabelle 106: Formen politischer Teilnahme (Frage 34)

	Ost		West	
	w.	m.	w.	m.
	%	%	%	%
Unterschriften sammeln				
habe es bereits getan	52	40	52	49
kommt nicht in Frage	8	13	10	12
Hausbesetzungen				
habe es bereits getan	4	5	5	5
kommt nicht in Frage	71	73	74	72
An Wahlen teilnehmen				
habe es bereits getan	93	93	91	92
kommt nicht in Frage	6	6	7	6
In einer Partei aktiv mitarbeiten				
habe es bereits getan	5	6	5	6
kommt nicht in Frage	48	45	49	44
In Bürgerinitiativen mitarbeiten				
habe es bereits getan	67	62	63	64
kommt nicht in Frage	33	38	36	34

Quelle: Forschungsinstitut der Konrad-Adenauer-Stiftung, Archiv-Nr. 9104

Der Anteil weiblicher und männlicher Jugendlicher in Ost und West, die sich an Bürgerinitiativen beteiligt haben und weiterhin Bereitschaft bekunden, ist beachtlich hoch. Demgegenüber ist die Bereitschaft zu politischer Teilnahme und aktiver Mitarbeit in einer Partei vergleichsweise gering. Diese Quote hat sich allerdings im Zeitvergleich stabil gehalten.

Die Bereitschaft zur aktiven Mitarbeit in einer Partei ist im Zusammenhang zu sehen mit den Parteipräferenzen:

Tabelle 107: Parteipräferenzen (Frage 30)

	Ost		West	
	w.	m.	w.	m.
	%	%	%	%
An erster Stelle gefällt				
CDU/CSU	22	25	27	28
SPD	38	37	43	44
FDP	10	10	7	7
Grüne West	5	3	16	12
Bündnis 90/Grüne Ost	17	16	4	4
PDS	5	4	–	1

Quelle: Forschungsinstitut der Konrad-Adenauer-Stiftung, Archiv-Nr. 9104

Hierbei bestehen nur geringe geschlechtsspezifische Unterschiede: Bei den weiblichen und männlichen Jugendlichen in Ost und West zeichnet sich tendenziell eine schwächere Zustimmung zur CDU und eine stärkere zur SPD ab. Die weiblichen Jugendlichen in Ostdeutschland haben außerdem wie die männlichen Jugendlichen eine Präferenz für Bündnis 90/Grüne Ost. Die weiblichen Jugendlichen in Westdeutschland bevorzugen noch etwas häufiger als die männlichen Jugendlichen die Grünen West.

Diese Präferenzen entsprechen der politischen Selbsteinschätzung und Plazierung auf der Rechts-Links-Skala (s. Kap. V sowie Fragebogen im Anhang). Die weiblichen Jugendlichen, insbesondere in Ostdeutschland, ordnen sich etwas häufiger dem linken Pol zu, während sich die männlichen Jugendlichen etwas häufiger „rechts" plazieren.

Tabelle 108: Politische Rechts-Links-Orientierungen (Frage 32)

		Ost		West	
		w.	m.	w.	m.
		%	%	%	%
links	-5 / -4 / -3	18	15	16	16
	-2 / -1	22	23	23	24
	0	31	26	25	22
	+1 / +2 /	12	16	17	19
rechts	+3 / +4 / +5	4	9	6	8

Quelle: Forschungsinstitut der Konrad-Adenauer-Stiftung, Archiv-Nr. 9104

Die männlichen Jugendlichen neigen außerdem etwas stärker – wenn auch zu insgesamt geringen Anteilen – extremistischen rechten Gruppen zu.

Die Zuwendung zu extremistischen „rechten" und „linken" Gruppen ist zu differenzieren nach aktiver Beteiligung, positiver Bewertung und Verständnis für diese Gruppen. Ingesamt sind die positiven Voten unter den befragten Jugendlichen in Ost- und Westdeutschland gering:

Tabelle 109: Einschätzungen von Extremgruppen (Frage 7)

	Ost		West	
	w.	m.	w.	m.
	%	%	%	%
Rechtsradikale Gruppen				
finde ich gut und mache selbst mit	–	1	–	1
finde ich gut, mache aber nicht mit	1	3	2	2
habe Verständnis dafür	7	11	6	8
Punks				
finde ich gut und mache selbst mit	–	1	1	1
finde ich gut, mache aber nicht mit	3	4	4	4
habe Verständnis dafür	21	22	26	24
Skinheads				
finde ich gut und mache selbst mit	–	1	–	–
finde ich gut, mache aber nicht mit	1	2	1	1
habe Verständnis dafür	6	7	6	8

Quelle: Forschungsinstitut der Konrad-Adenauer-Stiftung, Archiv-Nr. 9104

Ein rechtsradikales Potential ist danach geringfügig stärker bei männlichen Jugendlichen (Ost) vorhanden. Das Verständnis für die „linke" Szene ist deutlich größer als für die „rechte", und zwar in Ost und West. Der Kern der Aktiven ist jedoch in der rechten wie in der linken Szene gleichermaßen gering. Der Anteil der Mädchen in der gewalttätigen Szene ist generell und „traditionell" minimal. Zu beachten ist allerdings auch das Umfeld der Sympathisanten unter den Jugendlichen, das bei akuten Anlässen möglicherweise mobilisierbar ist. Hierin liegen erhebliche Gefahren, die einzudämmen sind durch den Aufbau und Ausbau der Jugendarbeit speziell in den neuen Bundesländern, die nicht nur auf jugendliche Extremgruppen und Gewalttäter, sondern auf die Mehrheit der Jugendbevölkerung gerichtet sein muß. Hier sind vor allem die Kommunen in Ost und West, trotz knapper Kassen, in der Verantwortung.

4.4 Einschätzung der deutschen Vereinigung

Die weiblichen Jugendlichen in Ostdeutschland äußern sich insgesamt reservierter zur deutschen Vereinigung und den damit verbundenen Veränderungen.

Tabelle 110: Positive Veränderungen seit der Vereinigung (Frage 49)

	Ost	
	w.	m.
	%	%
Freiheit allgemein	10	13
Veränderungen in der Schule	4	1
persönliche Entfaltungsfreiheit	13	16
besserer Lebensstandard	2	3

Quelle: Forschungsinstitut der Konrad-Adenauer-Stiftung, Archiv-Nr. 9104

Die männlichen Jugendlichen nennen etwas häufiger als positiven Gewinn die allgemeine Freiheit und die persönliche Entfaltungsfreiheit.

Die weiblichen Jugendlichen akzentuieren stärker die negativen Veränderungen, vor allem die Arbeitslosigkeit:

Tabelle 111: Negative Veränderungen seit der Vereinigung (Frage 50)

	Ost	
	w.	m.
	%	%
Arbeitslosigkeit	27	19
Veränderungen im Bildungssystem	3	1
soziale Unsicherheit	8	3

Quelle: Forschungsinstitut der Konrad-Adenauer-Stiftung, Archiv-Nr. 9104

Zugleich bewerten die weiblichen Jugendlichen in Ostdeutschland den *Sozialismus* positiver als die anderen Vergleichsgruppen:

Tabelle 112: Einschätzungen des Sozialismus (Frage 38)
Idee des Sozialismus

		Ost		West	
		w.	m.	w.	m.
		%	%	%	%
halte viel davon	1 / 2	34	30	18	20
	3	29	25	28	23
halte nicht viel davon	4 / 5	36	44	46	50

Quelle: Forschungsinstitut der Konrad-Adenauer-Stiftung, Archiv-Nr. 9104

Vor allem die weiblichen Befragten in Ostdeutschland lasten den Zusammenbruch des DDR-Sozialismus weniger dem DDR-System, sondern dessen Politikern an:

Tabelle 113: Gründe für den Zusammenbruch des Sozialismus (Frage 40)

	Ost		West	
	w.	m.	w.	m.
	%	%	%	%
System zum Scheitern verurteilt	26	33	55	57
Politiker waren unfähig	72	65	42	40

Quelle: Forschungsinstitut der Konrad-Adenauer-Stiftung, Archiv-Nr. 9104

Die Personalisierung des Zusammenbruchs erfolgt bei den Westdeutschen wesentlich seltener als bei den Ostdeutschen.

Die Prägung durch den DDR-Sozialismus scheint in diesem Zusammenhang bei den weiblichen Jugendlichen in Ostdeutschland stärker zu wirken als bei den männlichen. Andererseits identifizieren sich weibliche und männliche Jugendliche in Ostdeutschland stärker als *Deutsche*. Das trifft vor allem für die männlichen Jugendlichen in Ostdeutschland zu:

Tabelle 114 (Frage 41)

„Man kann sich mehr oder weniger als Deutscher fühlen. Wie ist das bei Ihnen ?"

	Ost		West	
	w.	m.	w.	m.
	%	%	%	%
ja, vollkommen	49	56	43	44
ja, etwas schon	37	32	38	37
nein, eigentlich nicht/absolut nicht	14	11	18	19

Quelle: Forschungsinstitut der Konrad-Adenauer-Stiftung, Archiv-Nr. 9104

Diese positive Identifikation mag teilweise noch aus der sozialistischen Erziehung in der DDR resultieren, die eine spezifische „deutsche" Lösung und Identifikation zum Ziele hatte. Außerdem dürfte die jahrzehntelange Isolierung der DDR die „deutsche" Identität mehr gefestigt haben, als das unter den weltoffenen Bedingungen im westlichen Europa der Fall war. Insgesamt stimmen allerdings die Jugendlichen in Ost- und Westdeutschland, weibliche wie männliche Jugendliche, mehrheitlich (d.h. über 80%) darin überein, daß sie sich als Deutsche fühlen.

5. Zusammenfassung

Generell sind die Unterschiede in den Einstellungen und Lebensperspektiven zwischen den beiden Geschlechtern nur noch schwach ausgeprägt. Sie artikulieren sich vor allem in den Bereichen „Familie" und „Politik". Sie sind in Ostdeutschland (wie zuvor in der DDR) noch etwas deutlicher erkennbar (Hille/Jaide 1990).

Offenbar haben die ungleichartigen Lebensverhältnisse in Ost und West insbesondere bei den weiblichen Jugendlichen zu einer unterschiedlichen Entwicklung beigetragen. Von der *„verkürzten" Jugendphase* in der Ex-DDR, der altersmäßig frühen Bindung, frühzeitiger Heirat und frühen Geburten waren vor allem die weiblichen Jugendlichen „betroffen". Die vorzeitige Fixierung der jungen Frauen auf eine eigene Familie hat vermutlich dazu beigetragen, daß sich die geschlechtstypischen Differenzen stärker verfestigen konnten. In den westlichen Bundesländern haben sich in der verlängerten *Jugendphase* eher emanzipatorische Tendenzen entwickelt und zu den Gleichaltrigen hingelenkt. Altershomogene Kommunikationen in Gruppen und Freundescliquen vor Einmündung in eine feste Partnerschaft und Familiengründung haben offensichtlich die Geschlechterdifferenzen eher nivelliert. Dieser Frage sollte in weiteren Studien nachgegangen werden.

In den *Grundstimmungen* äußern die weiblichen Jugendlichen in Ostdeutschland relativ mehr generelle Befürchtungen und Ängste und einen eher moderaten Optimismus.

Die Wertschätzung von *Arbeit und Beruf* ist bei den befragten Jugendlichen generell hoch – im Osten noch höher als im Westen. Sie wird von den weiblichen Jugendlichen in Ostdeutschland am stärksten pointiert.

In den Berufsmotivationen vertreten die weiblichen Jugendlichen in Ost und West traditionell stärker „intrinsische", soziale und individuelle Motive (Dienst an anderen Menschen, persönliche Stimulation), während für die männlichen Jugendlichen beruflicher Aufstieg und ein sicherer Arbeitsplatz wichtiger erscheinen.

Interesse an *Politik* äußern die weiblichen Jugendlichen in Ost und West noch seltener als die männlichen Jugendlichen. Das liegt offenbar weniger an der Konkurrenz anderer Lebensbereiche als an „Fremdheit" bzw. Reserviertheit gegenüber den Staatsorganen, den etablierten Parteien und politischen Organisationen. Dabei zeigen die weiblichen Befragten in Ostdeutschland eine relativ größere politische Distanz. Den öffentlichen Systemen von Wirtschaft und Politik stehen sie eher zurückhaltend gegenüber und haben insgesamt weniger Vertrauen als die männlichen Jugendlichen. Sie akzentuieren auch schärfer als die männlichen Jugendlichen in Ostdeutschland die negativen Veränderungen durch die Vereinigung (Arbeitsmarkt, soziale Sicherheit) – und etwas geringer in positiver Richtung den Zuwachs an politischer und persönlicher Freiheit. Zugleich bekunden sie von allen Teilgruppen die höchste Zustimmung zur „Idee des Sozialismus". Den Zusammenbruch des DDR-Systems lasten sie primär den Politikern an. Hierin mag sich bei den weiblichen Jugendlichen in Ostdeutschland eine im Sinne des DDR-Systems vollzogene „sozialistische" Prägung bzw. Sozialisation andeuten, deren Ausmaß noch ungewiß ist (vgl. Hille/Jaide 1990).

Die Ergebnisse der Untersuchung deuten darauf hin, daß die weiblichen Jugendlichen in Ostdeutschland nach der deutschen Vereinigung durchaus an politischen Fragen teilnehmen, aber dafür bislang eher system-skeptische Positionen gegenüber den neuen politischen und gesellschaftlichen Verhältnissen beziehen. Sie neigen etwas stärker zu unkonventionellen politischen Aktivitäten. Das mag teilweise aus der Phase der Aktivierung junger Bürger in den letzten Jahren der DDR vor und während der Wende nachwirken, die beide Geschlechter erfaßt hatte.

Die Differenzen in den Einstellungen und Lebensperspektiven zwischen männlichen und weiblichen Jugendlichen (in Ost und West) sind insgesamt nur noch gering. Sie werden am deutlichsten sichtbar in dem höheren Stellenwert der Familie und den geringeren politischen Interessen und Aktivitäten der weiblichen Jugendlichen. Das wiederum vermindert ihre Möglichkeiten zur Durchsetzung ihrer spezifischen „weiblichen“ Interessen und Wünsche, z.B. im Hinblick auf eine kontinuierliche Verwirklichung und Verbindung der beiden für sie zentralen Lebensbereiche: Familie *und* Beruf. In deren Gelingen liegt in Zukunft ein wichtiger Schlüssel für eine positive Identifikation insbesondere der weiblichen Jugend in Ostdeutschland mit dem neuen politischen System in Deutschland.

Kapitel VII

Jugendliche in den neuen Bundesländern

Walter Friedrich; Peter Förster

Dieses Kapitel unterscheidet sich wesentlich von den vorangegangenen. Es soll den zeitgeschichtlichen Wandlungsprozessen im Wertebewußtsein *ostdeutscher* Jugendlicher besondere Beachtung schenken. Dazu wird auf Ergebnisse der Jugendforschung vor 1989 und auf solche unmittelbar nach der Wende bis 1990 zurückgegriffen.

Zu DDR-Zeiten gab es zahlreiche Studien zu den verschiedenen Themen des Lebens und Denkens der Jugendlichen, deren Resultate damals kaum veröffentlicht werden konnten. Obwohl inzwischen einige Publikationen – hauptsächlich als Artikel in Fachzeitschriften – erschienen sind, dürfte es für viele Leser informativ sein, mit Jugend-Vergleichen aus früheren Jahren bekannt gemacht zu werden (vgl. u.a. Hille/Jaide 1990; Friedrich/Griese 1991; Hennig/Friedrich 1991). Dabei wird nur auf Themen eingegangen, die auch in der Studie der Konrad-Adenauer-Stiftung (1991) untersucht wurden und Vergleiche gestatten.[1]

1. Die Einstellung der jungen Ostdeutschen zur Vereinigung

Die Aussagen dieser Jugendstudie zu diesem Gegenstand wurden bereits im Kapitel II dargestellt. Sie sollen jetzt durch differenziertere Ergebnisse zu den Einstellungen der ostdeutschen Jugendlichen vertieft werden.

Zunächst ein Blick zurück in die Zeit vor der Wende! Fragestellungen zur Überwindung der deutschen Spaltung waren damals tabu, verständlich angesichts der Auffassung der SED, daß in Deutschland zwei deutsche Staaten existierten und über die „nationale Frage" die Geschichte bereits entschieden hatte. Allerdings lassen einige aus dieser Zeit stammende Ergebnisse darauf schließen, daß in den achtziger Jahren die offizielle Propaganda und Erziehung im Sinne der *Abgrenzung* der DDR von der Bundesrepublik Deutsch-

1 Die Daten in den Tabellen dieses Kapitels gehen auf drei unterschiedliche Quellen zurück:
1. Zentralistitut für Jugendforschung, Leipzig (Daten aus 1990 und den Jahren davor),
2. Forschungsstelle Sozialanalysen e.V., Leipzig (Untersuchungen des Jahres 1992),
3. Forschungsinstitut der Konrad-Adenauer-Stiftung. Die Tabellen sind mit der entsprechenden Quellenangabe versehen.

land bei den Jugendlichen nur noch geringen Erfolg hatte. Zwischen 1985 und 1987 ging der Anteil der jungen Menschen deutlich zurück, die völlig davon überzeugt waren, daß eine Vereinigung von DDR und BRD ausgeschlossen sei:

Tabelle 115: Einstellung Jugendlicher (junger Erwerbstätiger) zur Vereinigung von DDR und BRD v o r der Wende.

„Eine Vereinigung der sozialistischen DDR und der kapitalistischen BRD ist ausgeschlossen."

	Das ist meine Meinung vollkommen	mit gewissen Einschränkungen	kaum/überhaupt nicht
	%	%	%
1985	53	27	20
1987	41	28	31

1987 war nur noch weniger als die Hälfte der Jugendlichen von der Richtigkeit der genannten These überzeugt, die überwiegende Mehrheit machte ihre Zweifel geltend, rund ein Drittel lehnte sie ab. In der Zeit danach schmolz die Zahl der Zustimmenden weiter drastisch zusammen (vgl. Förster 1991, S.139; Friedrich 1990).

Wenig Akzeptanz fand die Ende der achtziger Jahre immer häufiger strapazierte These von der Notwendigkeit der *Mauer* in Berlin. Noch im Januar 1989 hieß es bekanntlich: „Sie wird in 50 Jahren und auch in 100 Jahren noch bestehen bleiben, wenn die dazu vorhandenen Gründe noch nicht beseitigt sind" (E. Honecker).

Im Mai 1989, ein halbes Jahr vor der Öffnung der Mauer, äußerten sich Jugendliche dazu ganz anders:

Tabelle 116: Einstellung Jugendlicher zur Notwendigkeit der Mauer (Mai 1989; ausgewählte Teilgruppen).

„Die Mauer in Berlin ist noch notwendig."

	Das ist meine Meinung vollkommen	mit gewissen Einschränkungen	kaum/ überhaupt nicht
	%	%	%
junge Erwerbstätige	38	27	35
Lehrlinge	34	35	31
Schüler (9./10. Kl.)	25	29	46

Etwa ein Drittel hatte sich damals noch mit der Mauer abgefunden.

Trotz der Teilung Deutschlands bestanden auch in den siebziger und achtziger Jahren verwandtschaftliche Beziehungen zwischen Ost und West, gab es Bekannte und Freunde im jeweils anderen Landesteil. Wie aus Forschungen des ZIJ zwischen 1975 und 1985 hervorging, hatten zwei Drittel bis drei

Viertel der Familien in der DDR Verwandte und/oder Bekannte in der Bundesrepublik bzw. in Westberlin. Ein erheblicher Teil von ihnen unterhielt persönliche Kontakte zu ihnen, stand in Briefverbindung oder empfing ihre Besuche. Die folgende Tabelle veranschaulicht diese Tatsache exemplarisch anhand von Ergebnissen aus dem Jahre 1983:

Tabelle 117: Kontakte zu Verwandten/Bekannten in der Bundesrepublik (1983: N = 3.200).

„Haben Sie Verwandte/Bekannte in der BRD bzw. in Westberlin?"

	ja, und sie besuchen uns %	ja, aber es bestehen nur Briefkontakte %	ja, aber es gibt keine Kontakte %	nein %
Verwandte	25	13	18	44
Bekannte	12	13	9	66
Verwandte und/ oder Bekannte	30	17	20	33

Über diese mehr oder weniger engen persönlichen Kontakte hinaus existierten zu allen Zeiten durch Rundfunk und Fernsehen Kontakte zur Gesellschaft der Bundesrepublik, an denen weder Verbote noch die Propaganda der SED gegen die „Westkanäle" etwas ändern konnten. Das schloß auch den Empfang politischer Informationen der Westsender ein, deren Rezeption in den achtziger Jahren die der DDR-Sender bei weitem übertraf.

Exemplarisch sei diese Tatsache anhand von Ergebnissen aus den Jahren 1987 bis 1989 verdeutlicht. Sie stammen aus einer Untersuchung (Intervallstudie) des ZIJ (Zentralinstitut für Jugendforschung Leipzig) bei rund 1.200 Schülern der 8., 9. und 10. Klasse, die in diesem Zeitraum dreimal über ihre Mediennutzung befragt wurden.

Tabelle 118: Nutzung von Sendern bzw. Sendungen für die politischen Informationen (Gesamtgruppe der damals befragten Schüler) (Angaben in Prozent).

„Wie oft nutzen Sie die folgenden Sendungen, um sich über das **politische** *Geschehen zu informieren?"*

Das nutze ich 1 (nahezu) täglich
2 mehrmals in der Woche
3 einmal in der Woche
4 seltener
5 nie

	1	2	(1+2)	3	4	5
Sendungen des DDR-Rundfunks						
08. Klasse (1987)	10	30	(40)	17	30	13
09. Klasse (1988)	8	25	(33)	15	32	20
10. Klasse (Mai 1989)	8	21	(29)	14	34	23
„Aktuelle Kamera"						
08. Klasse	9	29	(38)	18	32	12
09. Klasse	4	23	(27)	15	37	21
10. Klasse	3	17	(20)	12	39	29
Sendungen des Rundfunks oder Fernsehens der Bundesrepublik/ Westberlin						
09. Klasse	49	32	(81)	7	9	3
10. Klasse	54	34	(88)	4	7	1

Die Daten sprechen für sich und müssen nicht ausführlich interpretiert werden.

Wesentlich ist, daß bei den jugendlichen Rezipienten die verstärkte Zuwendung zu den Westsendern in vielen Fällen mit einer Abwendung von den DDR-Sendern einherging. Das geht klar aus einer Kopplung der in der Tabelle 105 dargestellten Ergebnisse hervor, für die zuvor die Angaben zum DDR-Rundfunk und zur „Aktuellen Kamera" zusammengefaßt wurden (DDR-Sender):

Tabelle 119: Nutzung der DDR-Sender und der Westsender für die politische Information – komplexe Betrachtung (Gesamtgruppe der damals befragten Schüler).

		Häufigkeit der Nutzung:	
DDR-Sender	Westsender	9. Klasse (1988) %	10. Klasse (1989) %
häufig	häufig	35	33
häufig	selten	10	6
selten	häufig	46	55
selten	selten	9	6

„häufig" bedeutet: (nahezu) täglich oder mehrmals in der Woche;
„selten" bedeutet: einmal in der Woche oder seltener bzw. nie.

Da die genannte Intervallstudie bei einer Teilpopulation über die Wende hinweg fortgesetzt werden konnte (nach der Wende nahmen zwischen 200 und 300 Jugendliche – nunmehr postalisch – weiter an Befragungen teil), lassen sich bemerkenswerte *Langzeitwirkungen* der damaligen Informationsaufnahme westlicher Kanäle auf die heutigen politischen Einstellungen aufweisen, nicht zuletzt auf die Einstellung zur deutschen Einheit. Diese Langzeitwirkungen können mit Wechselwirkungen zwischen Medienrezeption einerseits und politischen Einstellungen andererseits allein nicht geklärt werden, sie gehen weit darüber hinaus.

Teilnehmer der Intervallstudie, die vor der Wende intensiv und selektiv westliche Sender als politische Informationsquellen nutzten, unterscheiden sich von denen, bei denen das weniger intensiv der Fall war, u.a. insofern, als die, die zu allen Untersuchungszeitpunkten nach der Wende der deutschen Einheit deutlich positiver gegenüberstehen, sich häufiger als Bürger der Bundesrepublik Deutschland fühlen und häufiger stark ausgeprägten Nationalstolz als Deutscher/Deutsche artikulieren.

Diese und weitere Ergebnisse (ausführlicher: Förster/Friedrich 1992) legen die Annahme nahe, daß eine intensive und selektive mediale Wahrnehmung der Vorzüge westlicher Lebensqualität (Lebensstandard, persönliche Freiheiten) im Vergleich mit den Alltagserfahrungen der Jugendlichen in der von der Krise gezeichneten DDR-Gesellschaft langfristig den Boden mit dafür bereitet hat, die Vereinigung herbeizuwünschen und so selbst an der erstrebten Lebensqualität der Bundesrepublik teilzuhaben. Die Langzeitanalyse läßt retrospektiv den (damals bereits vermuteten) enormen Einfluß der „Westkanäle“ auf den politischen Mentalitätswandel erkennen, der schließlich mit in die politische Wende mündete.

Wie aus Ergebnissen zahlreicher repräsentativer Umfragen verschiedener Forschungsinstitute hervorgeht, plädierte kurz vor dem Tag der deutschen Einheit die überwiegende Mehrheit der jungen Ostdeutschen – wie die Bevölkerung insgesamt – für die Vereinigung beider deutscher Staaten. Laut einer Untersuchung von EMNID z.B. äußerten sich im September 1990 88% der Gesamtbevölkerung der DDR und 84% der Jugendlichen zustimmend zur deutschen Einheit (s. SPIEGEL SPEZIAL 1/1991). Das ZIJ ermittelte identische Werte: 88% der Gesamtbevölkerung und 82% der Jugendlichen.

Diese breite Zustimmung war jedoch keineswegs schon von der Wende an gegeben. Darüber informiert die folgende Tabelle zwischen November 1989 und Ende September 1990 bei den 15- bis 24-jährigen Jugendlichen:

Tabelle 120: Einstellung der 15- bis 24jährigen Ostdeutschen zur Vereinigung von DDR und BRD.

„Wie stehen Sie zu einer Vereinigung von DDR und BRD?"

		1 sehr dafür %	2 eher dafür als dagegen %	(1+2) %	3 eher dagegen als dafür %	4 sehr dagegen %
November	1989	14	31	(45)	28	27
Februar	1990	39	39	(78)	16	6
März	1990	38	41	(79)	14	7
April	1990	43	35	(78)	17	5
Juni	1990	43	38	(81)	17	2
August	1990	42	40	(82)	16	2
September	1990	39	43	(82)	14	4

Kurz nach der Wende, im November 1989, standen sich Befürworter und Gegner der deutschen Einheit noch etwa gleich stark gegenüber, war die Schicksalsfrage „für oder gegen die Vereinigung?" in den Köpfen der Menschen noch nicht mehrheitlich entschieden. Auch bei den Jugendlichen gab es zu diesem Zeitpunkt faktisch noch ein Patt, mit einem leichten Übergewicht der Einheitsgegner: 45% der 15jährigen sprachen sich dafür aus, 55% dagegen (s.o.).

Doch bereits zwischen Ende 1989 und Februar 1990 kam es zu geradezu sprunghaften Veränderungen im Meinungsbild, Widerspiegelung der sich in dieser Zeit stark zuspitzenden politischen und wirtschaftlichen Situation und der Hoffnung der jungen wie der älteren Bürger, durch die Vereinigung schneller zu Wohlstand und Freiheit zu gelangen. Diese Hoffnungen auf „Deutschland einig Vaterland" waren dann bekanntlich auch Thema Nr. 1 im Wahlkampf zu den Volkskammerwahlen im März 1990; sie entschieden letztlich über den Wahlausgang. In diesem Zeitraum zerfielen auch bei vielen ostdeutschen Jugendlichen Illusionen von einem reformierbaren Sozialismus bzw. einem „Dritten Weg". Stark verbreitet war jedoch auch noch Anfang 1990 die Bejahung konföderativer Strukturen, einer schrittweisen deutsch-deutschen Annäherung.

Aus der Tabelle 121 geht die Situation unmittelbar vor der Vereinigung nach Altersklassen differenziert hervor (Ende September 1990; Repräsentativumfrage des ZIJ im Auftrag des Nachrichtenmagazins „DER SPIEGEL"):

Tabelle 121: Einstellung zur Vereinigung von DDR und Bundesrepublik kurz vor dem Tag der deutschen Einheit – differenziert betrachtet.

„Wie stehen Sie zu einer Vereinigung von DDR und BRD?"

	1 sehr dafür %	2 eher dafür als dagegen %	(1+2) %	3 eher dagegen als dafür %	4 sehr dagegen %
15 – 17 J.	33	46	(79)	17	4
18 – 24 J.	41	44	(85)	11	4
25 – 44 J.	50	38	(88)	11	1
45 – 64 J.	57	36	(93)	5	2
65 und älter	67	31	(98)	2	–
15 – 24 J.					
männlich	45	40	(85)	11	4
weiblich	33	45	(78)	17	5

Interessant ist auch eine Differenzierung nach *Parteipräferenzen*: Junge Bürger von 18 – 29 Jahre. Wähler von:

CDU	69	28	(97)	3	–
SPD	35	59	(94)	6	–
Bündnis 90/ Grüne	22	63	(85)	9	6
Linke Liste/ PDS	18	46	(64)	27	9

Auch die Jugendlichen sprachen sich Ende September 1990 mit großer Mehrheit für die Vereinigung aus. Gegenüber den älteren Altersgruppen war bei ihnen der Anteil derer etwas geringer, die vorbehaltlos für die deutsche Einheit votierten. Das traf insbesondere für die weiblichen Jugendlichen zu.

Die Chancen für das Zusammenwachsen beider Landesteile wurden damals von der übergroßen Mehrheit der Jugendlichen wie auch der Ostdeutschen generell sehr optimistisch gesehen: 88% der jungen Ostdeutschen gingen davon aus, daß beide Teile bestimmt (30%) oder wahrscheinlich (58%) wieder eine „richtige Gemeinschaft" bilden werden:

Tabelle 122: Chancen des Zusammenwachsens (Ende September 1990).
„Beide Teile waren über 40 Jahre voneinander getrennt. Was meinen Sie: Wird aus beiden Teilen wieder eine richtige Gemeinschaft entstehen?"

	1 ja, bestimmt %	2 ja, wahrscheinlich %	(1+2) %	3 nein, wahrscheinlich nicht %	4 nein, auf keinen Fall %
Jugendliche 15 – 24 J.	30	58	(88)	11	1
männlich	44	48	(92)	7	1
weiblich	17	66	(83)	16	1
25 – 44 J.	34	56	(90)	9	1
45 – 64 J.	38	55	(93)	7	–
65 und älter	47	47	(94)	5	1

Nur 12% der 15- bis 24jährigen gaben damals dem unmittelbar bevorstehenden Prozeß des Zusammenwachsens keine Chance.

Die Daten dieser Jugendstudie manifestieren die Situation des deutsch-deutschen Integrationsprozesses rund ein dreiviertel Jahr nach der Vereinigung.

Aus Ergebnissen einer Studie vom Frühjahr 1992 geht hervor, daß der Anteil ambivalenter Einstellungen zur Vereinigung seither etwas größer geworden, der Anteil positiver Einstellungen dafür leicht zurückgegangen ist.

Diese Tendenzen spiegeln die bestehenden Probleme auf dem Weg zur deutschen Einheit wider, insbesondere bei der Angleichung der Lebensverhältnisse in den neuen Bundesländern an die der alten. Dazu werden die Angaben einer repräsentativen Jugendpopulation aus Sachsen angeführt:

Tabelle 123: Einstellung Jugendlicher aus Sachsen zur Vereinigung – Frühjahr 1992 (14 – 25 Jahre).

„Ich freue mich darüber, daß die Einheit Deutschlands hergestellt ist."

	1 sehr stark %	2 stark %	(1+2) %	3 teils/teils %	4 kaum %	5 überhaupt nicht %
1991						
Ostdeutsche Jugendliche gesamt	27	33	(60)	33	6	1
darunter: Sachsen	34	30	(64)	32	4	–
1992						
Sachsen gesamt	25	28	(53)	42	3	2
männlich	34	30	(64)	33	2	1
weiblich	17	26	(43)	50	5	2

Nach dem in den Kapiteln II und V dargestellten generellen Überblick im Ost-West-Vergleich soll im folgenden auf die *sozio-kulturelle Differenzierung* in der Meinungsbildung der ostdeutschen Jugend eingegangen werden.

Tabelle 124: Einstellungen der jungen Ostdeutschen zur Vereinigung – differenzierte Analyse nach Geschlechtergruppen und Berufsstatus. (Frage 39)

„Die Einheit Deutschlands ist nun erreicht. Dazu lese ich Ihnen einige Aussagen vor und Sie sagen mir bitte, welche Meinung Sie persönlich dazu haben."

	1 sehr stark	2 stark	(1+2)	3 teils/teils	4 kaum	5 überhaupt nicht
	%	%	%	%	%	%
a) *Ich freue mich, daß die Einheit hergestellt ist*						
Ostdeutsche gesamt	27	32	(59)	33	6	1
männlich	31	32	(63)	30	5	1
weiblich	22	31	(53)	38	7	2
Schüler	34	30	(64)	30	4	1
Studenten	29	24	(53)	35	11	–
Lehrlinge	22	33	(55)	34	8	2
Berufstätige	25	35	(60)	34	5	1
Arbeitslose	23	26	(49)	40	6	5
b) *Ich möchte persönlich etwas dafür tun, daß Deutschland schnell zusammenwächst*						
Ostdeutsche gesamt	17	38	(55)	33	9	2
männlich	19	41	(60)	30	8	1
weiblich	15	35	(50)	38	10	2
Schüler	23	38	(61)	31	5	2
Studenten	14	37	(51)	35	12	–
Lehrlinge	16	38	(54)	33	9	3
Berufstätige	16	43	(59)	32	8	1
Arbeitslose	17	28	(45)	38	13	4
d) *Ich habe Angst vor den wirtschaftlichen Folgen der Einheit Deutschlands*						
Ostdeutsche gesamt	9	19	(28)	39	22	10
männlich	8	17	(24)	38	25	12
weiblich	10	21	(31)	42	19	8
Schüler	8	19	(27)	38	24	10
Studenten	9	23	(32)	40	18	9
Lehrlinge	11	18	(29)	37	22	11
Berufstätige	6	18	(24)	41	23	12
Arbeitslose	19	23	(42)	35	18	5

Quelle: Forschungsinstitut der Konrad-Adenauer-Stiftung, Archiv-Nr. 9104

Die Differenzierung nach dem Bildungs- bzw. Berufsstatus zeigt, daß die *Schüler* die Vereinigung überdurchschnittlich häufig bejahen und sich auch mehr für sie engagieren wollen. Bei ihnen überwiegen die positiven Perspektiven der deutschen Einheit. Mit den sie begleitenden Alltagsproblemen und Verunsicherungen sind sie weniger direkt konfrontiert als andere. Etwas zurückhaltender artikulieren sich dagegen die Studenten, eine Erscheinung, die schon vor der Vereinigung festzustellen war, vor allem unmittelbar nach der Wende. Die Lehrlinge nehmen eine mittlere Position ein. Die geringsten Zustimmungen sind bei arbeitslosen Jugendlichen ablesbar, die 9% der Gesamtpopulation der befragten jungen Ostdeutschen ausmachen.

Auffällig ist, daß die weiblichen ostdeutschen Jugendlichen (insbesondere die 18- bis 21jährigen) weniger häufig als ihre männlichen Altersgefährten sehr stark oder stark ihre Freude über die vollzogene Einheit äußern (53% gegenüber 63%). Etwas höher ist bei ihnen dafür der Anteil ambivalenter Einstellungen, Ausdruck der Koexistenz positiver und negativer Gefühle und Erfahrungen hinsichtlich der Vereinigung. Damit setzt sich bei den jungen Ostdeutschen der bereits vor der Vereinigung bestehende Trend fort, daß weibliche Jugendliche (wie die weibliche Bevölkerung generell) der Vereinigung weniger häufig vorbehaltlos zustimmen als männliche. Dafür artikulieren sie etwas häufiger Sorge vor den wirtschaftlichen Folgen der Einheit und sind auch weniger häufig bereit, sich für das Zusammenwachsen beider Landesteile zu engagieren.

Schon vor der Vereinigung existierte eine bemerkenswerte enge Wechselwirkung zwischen der Haltung zur deutschen Einheit einerseits und der individuellen Zukunftssicht andererseits (vgl. Förster/Roski, S.82). Befürwortung der Einheit ging mit stark ausgeprägtem Zukunftsoptimismus einher, Ausdruck der Hoffnung sehr vieler Bürger auf eine gesicherte, bessere Zukunft in Freiheit und Wohlstand im vereinten Deutschland. Diese Wechselwirkung war auch im Frühsommer 1991 nachweisbar:

Tabelle 125: Zusammenhang zwischen der Einstellung der ostdeutschen Jugendlichen zur Vereinigung und ihrer Zukunftssicht.

Einstellung zur Vereinigung	Zukunftssicht:	
	eher mit Zuversicht %	eher mit Befürchtungen %
Ich freue mich darüber, daß die Einheit hergestellt ist		
sehr stark/stark	75	23
teils/teils	64	34
kaum/überhaupt nicht	46	53

Zukunftssicht	*Einstellung zur Vereinigung* Ich freue mich darüber, daß die Einheit hergestellt ist sehr stark/stark %	teils/teils %	kaum/überhaupt nicht %
eher mit Zuversicht	65	31	4
eher mit Befürchtungen	46	40	13

Quelle: Forschungsinstitut der Konrad-Adenauer-Stiftung, Archiv-Nr. 9104

Die Daten lassen erkennen, daß eine optimistische Lebensgrundstimmung stark von der persönlichen Bejahung der deutschen Einheit getragen wird, von der günstige Auswirkungen auf die eigene Lebensperspektive erhofft werden (s. Kap. II).

Ein weiterer bereits vor der Vereinigung bestehender Zusammenhang findet in den aktuellen Daten seine Bestätigung und Fortsetzung: nämlich zwischen der Einstellung zur Vereinigung und der Bekundung nationaler Identität. Bei rund drei Vierteln der ostdeutschen Jugendlichen, die sich uneingeschränkt zu ihrer deutschen Nationalität bekennen (das sind 53% aller jungen Ostdeutschen), schließt dieses ausgeprägte Nationalgefühl auch die Bejahung der deutschen Einheit ein. Für jene dagegen, die ihre nationale Identität mehr oder weniger in Frage stellen, besitzt die Vereinigung ein weitaus geringeres Gewicht und wird überwiegend ambivalent bewertet oder abgelehnt.

Ein Teil der genannten Zusammenhänge kehrt in den Antworten auf die Frage nach den positiven und den negativen Veränderungen seit der Vereinigung wieder (Umfrage 1991). Sie wurde darin nur an die ostdeutschen Jugendlichen gestellt. Die beiden Fragen lauteten:

„Das Leben der Jugendlichen im Osten Deutschlands hat sich seit der Vereinigung verändert. Welche dieser Veränderungen empfinden Sie für sich persönlich als besonders wertvoll?“ (Frage 49)

„Und welche dieser Veränderungen macht Ihnen persönlich zu schaffen? Womit kommen Sie nicht zurecht?“ (Frage 50)

Die Tabellen 126 und 127 informieren über die Ergebnisse für die Gesamtgruppe der jungen Ostdeutschen. Aus ihnen geht hervor, von wieviel Prozent aller Jugendlichen die aufgeführten Erscheinungen jeweils genannt wurden (Mindestnennung: 1%; vgl. Kapitel V).

Tabelle 126: Veränderungen seit der Vereinigung, die als persönlich wertvoll empfunden werden. (Frage 49)

	%
Reisefreiheit	38
Meinungsfreiheit	15
persönliche Entfaltungsmöglichkeiten	15
Warenangebot	12
Freiheit allgemein	12
freie Wahl des Berufes, des Studiums, der Ausbildung	6
kein politischer, ideologischer, organisatorischer Druck mehr	6
besseres Sport-, Kultur-, Freizeitangebot	4
Wirtschaft, Marktwirtschaft, D-Mark	3
Veränderungen in der Schule (Lehrplan, Freiheiten)	3
besserer Lebensstandard	2
finanzielle Aspekte (Einkommen, Wert des Geldes)	2
technische Geräte (Computer, Auto usw.)	2
sonstige politische Veränderungen	2
neue Freunde (insbesondere in den neuen Bundesländern)	1
Modeangebot	1
Angebot an Zeitschriften und Zeitungen	1
keine positiven Veränderungen	6
keine Angabe	12

Nennhäufigkeit in %, bezogen auf alle jungen Ostdeutschen = 100%

Quelle: Forschungsinstitut der Konrad-Adenauer-Stiftung, Archiv-Nr. 9104

Viele Nennungen beziehen sich auf die *persönliche Freiheit* in ihren unterschiedlichen Aspekten, die schon seit der politischen Wende im Herbst 1989 zur Realität wurde und seit der Vereinigung durch das Grundgesetz der Bundesrepublik Deutschland garantiert ist. Fast drei Viertel der Nennungen gehen zusammengefaßt in diese Richtung. Die persönliche Erfahrung nunmehr garantierter Freiheitsrechte fördert die Bejahung der deutschen Einheit und das Engagement, persönlich etwas für das Zusammenwachsen zu tun.

Mit erheblichem Abstand wird am häufigsten als positive Veränderung die *Reisefreiheit* genannt. Fast 40% aller jungen Ostdeutschen bewerten sie als für sich persönlich besonders wertvoll. Dieser Stellenwert überrascht nicht, war doch der Jugend wie der Bevölkerung der DDR allgemein über Jahrzehnte hinweg der freie Reiseverkehr in Richtung Westen (mit Ausnahmen) verwehrt und auch in Richtung Osten zum Teil erschwert. In Untersuchungen vor der Wende wurden in negativer Hinsicht sehr häufig die eingeschränkten Reisemöglichkeiten in westliche Länder genannt. Im Ergebnis einer 1988 (projektiv) gestellten offenen Frage danach, „welche Gründe junge Leute haben könnten, die DDR verlassen zu wollen", äußerten 27% einer weitgehend repräsentativen Jugendstichprobe, das liege u.a. an den begrenzten Reisemöglichkeiten. Nicht zufällig waren es auch vor allem die Jugendlichen, die sich nach der Öffnung der Grenzen zu Westberlin und zur Bundesrepublik am 9. November 1989 als erste und in großer Zahl in die beginnende Reisewelle einreihten. Überdurchschnittlich häufig wird die Reisefreiheit von den Studenten (46%) und den Berufstätigen (44%) genannt, einen weitaus geringeren Stellenwert hat sie aus verständlichen Gründen für die arbeitslosen Jugendlichen (27%).

Etwa gleichauf, jeweils von 12 bis 15% der Jugendlichen erwähnt, folgen in der Rangfolge der besonders wertvollen Veränderungen *Meinungsfreiheit und Freiheit allgemein* als entscheidende Bestandteile der Demokratie, wie auch bessere persönliche *Entfaltungsmöglichkeiten* und ein *verbessertes Warenangebot*. Die persönlichen Entfaltungsmöglichkeiten werden von *Studenten* überdurchschnittlich häufig genannt (20%), demgegenüber rechnen nur 6% der jungen Arbeitslosen diese zu den für sie besonders wertvollen Veränderungen. Sie fühlen sich überhaupt in vielfacher Hinsicht benachteiligt, gleichsam als Verlierer der Einheit (s. Kap. IV).

Bemerkenswert sind die zum Teil erheblichen Unterschiede in den Nennungen zwischen den optimistisch bzw. pessimistisch eingestellten Jugendlichen. Für die Optimisten besitzt insbesondere die Reisefreiheit ein viel höheres Gewicht als für die Pessimisten (43% gegenüber 28%), sie begründet offensichtlich ihren Optimismus nicht unwesentlich mit. Dasselbe gilt für die Meinungsfreiheit (18% gegenüber 9%) und in der Tendenz auch für die persönlichen Entfaltungsmöglichkeiten (17% gegenüber 11%). Auch auf die individuelle Lebenszufriedenheit wirken sich die genannten Veränderungen aus.

Wenden wir uns den Veränderungen zu, die den jungen Ostdeutschen zu schaffen machen, die sie mit einem *negativen* Vorzeichen versehen (Mindestnennung 1%):

Tabelle 127: Veränderungen seit der Vereinigung, die den ostdeutschen Jugendlichen zu schaffen machen. (Frage 50)

	%
Arbeitslosigkeit, Lage auf dem Arbeitsmarkt	23
Gewalt, Brutalität, Kriminalität	10
finanzielle Aspekte (Einkommen, Preise)	8
allgemeine Unsicherheit	6
höhere Anforderungen an die Selbständigkeit	6
Zunahme des Rechts- bzw. Linksradikalismus	5
Soziale Unsicherheit	5
Bürokratie	5
Ausländerfeindlichkeit	4
Angst um Ausbildung; Lehrstellensuche	4
Wirtschaftslage (Auswirkungen auf Betrieb und Arbeitsplatz)	4
neue Gesetze, rechtliche Lage	3
Unterschied Ost-West, Benachteiligung des Ostens	2
Veränderungen im Bildungssystem	2
sonstige politische Aspekte	2
Drogenprobleme	2
Überheblichkeit der Westdeutschen	2
Mieterhöhungen, Verlust der Wohnung	1
keine negativen Veränderungen	9
keine Angabe	17

Nennhäufigkeit in%, bezogen auf alle jungen Ostdeutschen = 100%
Quelle: Forschungsinstitut der Konrad-Adenauer-Stiftung, Archiv-Nr. 9104

Der gemeinsame Nenner der am häufigsten angeführten Erscheinungen ist eindeutig die Situation von Wirtschaft und Arbeit in den neuen Bundesländern, die sich zu diesem Zeitpunkt zusehends verschärfte. Von den arbeitslosen Jugendlichen benennt rund jeder zweite (47%) die Arbeitslosigkeit zuerst und mit großem Abstand als negative Veränderung.

Eine Reihe weiterer Erscheinungen spiegeln die sich 1991 zuspitzende wirtschaftliche und soziale Situation in Ostdeutschland wider. Kategorien wie finanzielle Aspekte, allgemeine bzw. soziale Unsicherheit, Wirtschaftslage, Angst um Ausbildungsplätze, Ost-West-Unterschiede, Mieterhöhungen werden – zusammengenommen – von rund einem Drittel der Jugendlichen erwähnt.

Als negative Veränderung wird von rund jedem zehnten Jugendlichen die sich in Ostdeutschland ausbreitende *Gewalt und Kriminalität* genannt. Es darf hinzugefügt werden, daß eine persönliche Bedrohung durch diese Erscheinungen von weitaus mehr Jugendlichen erlebt wird. Nach Umfrageergebnissen hatte sich schon zwischen April und Dezember 1990 der Anteil der ostdeutschen Jugendlichen, die sich durch zunehmende Aggressivität und Gewalt bedroht fühlten, von 78% auf 86% erhöht. Die Befürchtung persönlicher Bedrohung durch Kriminalität stieg in diesem Zeitraum von 80% auf

86% der Befragten. Inzwischen sind diese Erscheinungen in Ostdeutschland bekanntlich weiter eskaliert.

Bemerkenswert ist, daß ein kleiner Teil der Jugendlichen offensichtlich nicht mit den höheren Anforderungen an die selbständige Lebensgestaltung zurechtkommt. Das bestätigen auch andere Untersuchungen. Tatsächlich erfordern die heute gegebenen Freiheitsgrade für selbständige und eigenverantwortliche Lebensgestaltung von den ostdeutschen Jugendlichen ein völliges Umdenken, ein viel höheres Maß an Eigeninitiative und Risikobereitschaft, das einem Teil von ihnen Schwierigkeiten bereitet.

Zwischen der Häufigkeit dieser Aussagen und der Einstellung zur Vereinigung besteht erwartungsgemäß ein Zusammenhang. Fast alle negativen Folgeerscheinungen werden von jenen Jugendlichen überdurchschnittlich häufig genannt, die wenig oder keine Freude über die deutsche Einheit empfinden: Arbeitslosigkeit von 26% dieser Teilgruppe, finanzielle Aspekte und Zunahme des Radikalismus von 14%, soziale Unsicherheit von 14%.

2. Innerdeutsche Migration und innerdeutsche Pendler

Zur Realität deutsch-deutscher Beziehungen gehört auch 1991 die *Abwanderung* ostdeutscher Bürger in den westlichen Landesteil. Dem gingen zahlreiche Anträge auf ständige Ausreise und tatsächliche Übersiedlungen seit 1984 voraus. 1989 haben laut Angaben des Bundesamtes für Statistik 384.000 Bürger die Ex-DDR in Richtung Westen verlassen, 1990 waren es rund 390.000 und 1991 waren es 214.000, zusammen rund eine Million Bürger.

Dabei muß noch eine erhebliche Dunkelziffer einkalkuliert werden. Die Anziehungskraft des westdeutschen Wohlstandes war stärker und wird es bei dem vermutlich längere Zeit bestehendem Wirtschaftsgefälle vorerst noch bleiben.

Die folgende Tabelle aus der vorliegenden Umfrage 1991 gibt näheren Aufschluß über einige relevante Untergruppen:

Tabelle 128: Migrationsabsichten der Jugendlichen von Ost nach West – differenziert betrachtet. (Frage 47) (Angaben in Prozent.)

1 = Ich bleibe auf jeden Fall hier
2 = Ich werde wahrscheinlich hier bleiben
3 = Ich werde wahrscheinlich nach Westdeutschland umziehen
4 = Ich werde auf jeden Fall nach Westdeutschland umziehen

	1	2	3	4	(3+4)	k.A.
Gesamtgruppe	40	43	14	2	(16)	1
männlich	35	44	17	2	(19)	2
weiblich	44	41	11	3	(14)	1
männlich						
15 – 17 J.	31	45	18	4	(22)	2
18 – 21 J.	30	45	21	3	(24)	1
22 – 25 J.	40	45	12	1	(13)	2
weiblich						
15 – 17 J.	31	50	16	2	(18)	1
18 – 21 J.	41	41	13	3	(16)	2
22 – 25 J.	56	36	6	2	(08)	–
Schüler	31	46	17	4	(21)	2
Studenten	35	48	13	1	(14)	3
Lehrlinge	35	44	18	2	(20)	1
Berufstätige	45	42	10	2	(12)	1
Arbeitslose	39	39	17	4	(21)	1
Mecklenburg-Vorpommern	42	44	11	2	(13)	1
Berlin Ost	40	39	15	3	(18)	3
Sachsen	39	48	10	2	(12)	1
Brandenburg	38	45	13	3	(16)	1
Sachsen-Anhalt	35	38	23	3	(26)	1
Thüringen	32	46	17	3	(20)	2

Quelle: Forschungsinstitut der Konrad-Adenauer-Stiftung, Archiv-Nr. 9104

Am höchsten ist der Anteil potentieller Migranten unter den 15- bis 21jährigen männlichen Jugendlichen bzw. unter den Schülern und Lehrlingen. Auch von den jungen Arbeitslosen tragen sich überdurchschnittlich viele mit Migrationsabsichten (21%). Von den jüngsten in die Untersuchung einbezogenen Jugendlichen, den 15- bis 17jährigen bzw. den Schülern ist nur noch ein knappes Drittel (31%) fest entschlossen, in den neuen Bundesländern zu bleiben. Jugendliche mit Abwanderungsabsichten sind überdurchschnittlich häufig dahin orientiert, viel Geld zu verdienen, das Leben zu genießen, aber auch beruflich Karriere zu machen, ihr Leben völlig selbständig und eigenverantwortlich zu gestalten. Offensichtlich spielen in ihrer Motivation für den Wechsel in den Westen Lebensgenuß, beruflicher Aufstieg und auch das Streben nach Selbstbestimmung eine beträchtliche Rolle.

Der Analyse der Wanderbewegung war von Ende 1989 an in vielen Umfragen eine Standardfrage gewidmet. Die folgende Tabelle informiert über die Angaben der 15- bis 24jährigen.

Tabelle 129: Migrationsabsichten der Jugendlichen von Ost nach West, im Trend betrachtet. (Angaben in Prozent)

„Werden Sie weiterhin auf dem heutigen Gebiet der DDR/in Ostdeutschland leben?"

1 = Ich bleibe auf jeden Fall hier
2 = Ich werde wahrscheinlich hier bleiben
3 = Ich werde wahrscheinlich nach Westdeutschland umziehen
4 = Ich werde auf jeden Fall nach Westdeutschland umziehen

		1	2	3	4	(3+4)
November	1989	69	29	2	–	(2)
Februar	1990	38	50	9	3	(2)
März	1990	47	46	4	3	(7)
April	1990	61	35	4	–	(4)
Juni	1990	58	38	4	–	(4)
Juli	1990	62	34	4	–	(4)
August	1990	55	39	5	1	(6)
September	1990	33	55	11	1	(12)
Dezember	1990	47	45	6	2	(8)
März	1991*	49	40	10	1	(11)
Juni	1991	40	44	14	2	(16)
darunter						
Sachsen		39	48	10	2	(12)
April	*1992***	*43*	*47*	*8*	*2*	*(10)*

* 18 – 29 Jahre; ermittelt durch EMNID (s. DER SPIEGEL 12/1991)

** Jugendstudie 1992, repräsentativ für 14- bis 25jährige in Sachsen

Die Angaben der vorliegenden Studie und die Jugendstudie Leipzig 1992 weisen aus, daß die Abwanderung junger Ostdeutscher in Richtung Westen noch längst nicht abgeschlossen ist. Seit Anfang 1991 hat sich der Anteil migrationswilliger junger Leute auf 10 bis 15% eingependelt. Angesichts des vermutlich noch viele Jahre bestehenden West-Ost-Gefälles in Wohlstand, Ausbildung und Arbeitsmöglichkeiten wird die Westwanderung auf Zeit oder für immer zu einer ostdeutschen Normalität werden, alle ihre negativen Folgen für diese Region eingeschlossen. Andererseits sind solche Ortswechsel-Karrieren seit 1871 in Deutschland üblich gewesen.

Innerdeutsche Pendler

Leicht zugenommen hat 1991 der Anteil der jungen Ostdeutschen, die noch in einem der neuen Bundesländer wohnen und zur Arbeit in die alten Bundesländer pendeln (s. Tabelle 130). Das entspricht dem generellen Trend eines kontinuierlichen Ansteigens der Zahl der Westpendler von rund 200.000

im November 1990 auf 300.000 im März 1991 und 450.000 im Juli 1991. Das sind ca. 6% aller ostdeutschen Erwerbstätigen.

Die reichliche Hälfte der Westpendler (56%) sind junge Erwerbstätige zwischen 17 und 30 Jahren (Infratest Sozialforschung. Arbeitsmarkt-Monitor für die neuen Bundesländer). Neuesten Angaben zufolge war die Zahl der Westpendler Mitte 1992 auf über 550.000 angewachsen.

Tabelle 130: Arbeitspendler – Realität und Absicht bei den jungen Ostdeutschen. (Frage 48)

„Es gibt Bürger, die in einem der neuen Bundesländer wohnen, aber zeitweise oder auch auf Dauer in einem der alten Bundesländer arbeiten. Trifft das für Sie zu ?"

	ja %	nein, aber ich habe das vor %	nein, habe das auch nicht vor %
September 1990			
15 – 24 J. gesamt	5	25	70
männlich	7	28	65
weiblich	3	22	75
Juni 1991			
15 – 25 J. gesamt	7	28	64
männlich	7	32	59
weiblich	6	23	70
Berlin Ost	13	31	53
Mecklenburg-Vorpommern	11	33	56
Thüringen	6	31	61
Sachsen-Anhalt	5	32	63
Brandenburg	6	26	67
Sachsen	3	24	70

Den Befunden aus der vorgelegten repräsentativen Jugendbefragung 1991 sind Umfrageergebnisse einer Studie Leipzig September 1990 vorangestellt.

Der enge Zusammenhang zwischen Pendeln und Übersiedlung geht aus der folgenden Tabelle hervor:

Tabelle 131 Zusammenhang zwischen Arbeitspendeln und der Migrationsabsicht.

Arbeitspendeln:	Migrationsabsichten:			
	bleibe auf jeden Fall %	bleibe wahrscheinlich %	übersiedele wahrscheinlich %	übersiedele auf jeden Fall %
ja, das tue ich	38	30	20	12
nein, habe es aber vor	17	44	35	4
nein, habe es nicht vor	47	46	6	1

Quelle: Forschungsinstitut der Konrad-Adenauer-Stiftung, Archiv-Nr. 9104

3. Urteile der jungen Ostdeutschen über die wirtschaftliche Situation in Ostdeutschland

Auf die Wertungen der jungen Westdeutschen bzw. Ostdeutschen zur Wirtschaftslage im eigenen und im jeweils anderen Landesteil wurde bereits ausführlich im Kapitel II eingegangen. Im folgenden sollen die Aussagen der ostdeutschen Jugendlichen noch ergänzt werden, besonders durch Trendaussagen.

Diese Urteile der Ostdeutschen sind zwischen Juli 1990 und Juni 1991 faktisch *konstant* geblieben.

Tabelle 132: Beurteilung der wirtschaftlichen Lage in Ostdeutschland durch junge Ostdeutsche im Trend. (Frage 15)

„Wie beurteilen Sie die heutige wirtschaftliche Lage in den neuen Bundesländern?"

		1 sehr gut %	2 gut %	3 teils/teils %	4 schlecht %	5 sehr schlecht %	(4+5) %
Juli	1990	–	2	22	47	29	(76)
Sept.	1990	–	1	23	53	23	(76)
Juni	1991	2	3	19	46	30	(76)

Zu allen drei Zeitpunkten waren drei Viertel der jungen Ostdeutschen (wie übrigens der Ostdeutschen generell) der Meinung, daß die Wirtschaftslage im Osten schlecht oder sehr schlecht sei. Ein Trend in positiver Hinsicht war damals noch nicht erkennbar. Jedoch äußert sich die überwiegende Mehrheit der jungen Ostdeutschen optimistisch über die zu erwartende wirtschaftliche Entwicklung in den nächsten drei bis fünf Jahren. Diese mehrheitlich optimistische Prognose hängt mit der allgemeinen Lebensgrundstimmung zusammen.

Tabelle 133: Zusammenhang zwischen der vermuteten wirtschaftlichen Entwicklung in Ostdeutschland in den nächsten 3 bis 5 Jahren einerseits und der Zukunftssicht andererseits.

vermutete Entwicklungsrichtung der ostdeutschen Wirtschaft:	Ausprägung der Zukunftssicht	
	eher mit Zuversicht %	eher mit Befürchtungen %
wesentlich besser	82	18
etwas besser	75	25
gleichbleibend	60	40
etwas/wesentlich schlechter	48	52

Quelle: Forschungsinstitut der Konrad-Adenauer-Stiftung, Archiv-Nr. 9104

Aus der umgekehrten Blickrichtung ist ablesbar, daß Optimisten deutlich zahlreicher Verbesserungen der Wirtschaftslage erwarten als Pessimisten: 75% gegenüber 54%. Der Zusammenhang verdeutlicht, wie stark die Zukunftserwartungen der jungen Ostdeutschen von der weiteren Wirtschaftsentwicklung abhängen.

Ein ähnlich enger Zusammenhang besteht mit der Einstellung zur Vereinigung: Der Anteil der Jugendlichen, die sich über die vollzogene Vereinigung freuen, ist um so größer, je günstiger die Wirtschaftsentwicklung in naher Zukunft erwartet wird. Die weitere wirtschaftliche Entwicklung in Ostdeutschland, die eigenen Erfahrungen der jungen Leute bei der Angleichung der Lebensverhältnisse werden so oder so auch ihre Einstellung zur Vereinigung beeinflussen.

Auch vorausgegangene Untersuchungen belegen, daß die Erwartungen der Ostdeutschen hinsichtlich der Wirtschaftsentwicklung im Osten 1990 überaus optimistisch waren. Das geht u.a. aus Schätzungen des Zeitraumes für die Herstellung einheitlicher Lebensverhältnisse hervor. Dazu gaben die Befragten an, wie lange es wohl dauern wird, bis es den Ostdeutschen wirtschaftlich so gut gehen wird wie zum jeweiligen Befragungszeitpunkt den Westdeutschen. Im September 1990 betrug der mittlere Schätzwert 6,2 Jahre (April 1990: 7,2 Jahre). Wirtschaftsexperten gehen inzwischen bekanntlich von einem längeren Zeitraum aus.

Die gravierenden Unterschiede in der wirtschaftlichen Lebenssituation der westdeutschen und ostdeutschen jungen Leute und in deren subjektiven Reflexionen kommen deutlich in der *Arbeitslosenquote* bzw. in den unterschiedlich ausgeprägten Befürchtungen, selbst arbeitslos zu werden, zum Ausdruck. Auf die entsprechenden Angaben bzw. Aussagen wurde bereits eingegangen (vgl. Kapitel IV). Die folgende Tabelle enthält differenzierte Informationen über die ostdeutschen Jugendlichen:

Tabelle 134: Angst vor Arbeitslosigkeit bei ostdeutschen Jugendlichen (bezogen auf die 91% der Gesamtgruppe, die nicht bereits arbeitslos sind). (Frage 18)

	Anteil der Jugendlichen, die Angst vor Arbeitslosigkeit äußern %
Gesamtgruppe	64
männlich	64
weiblich	64
Schüler	65
Studenten	57
Lehrlinge	67
Berufstätige	64
Mecklenburg-Vorpommern	74
Sachsen-Anhalt	71
Brandenburg	66
Thüringen	66
Sachsen	59
Berlin Ost	54
zum Vergleich westdeutsche Jugendliche	27

Quelle: Forschungsinstitut der Konrad-Adenauer-Stiftung, Archiv-Nr. 9104

Rund zwei Drittel der jungen Ostdeutschen lebten 1991 mit der Angst, arbeitslos zu werden, die entscheidende Existenzgrundlage zu verlieren! Bei den in Mecklenburg-Vorpommern wohnenden jungen Leute stieg dieser Anteil sogar auf rund drei Viertel an – analog zur überdurchschnittlich hohen Arbeitslosenquote in diesem strukturschwächsten der neuen Bundesländer.

Wie kaum ein anderes Ergebnis der Jugendstudie charakterisieren diese Daten die Spezifik der Lebenslage junger Leute in den neuen Bundesländern im Jahre 1991.

Bei diesen Angaben muß stets hinzugedacht werden, daß reale Arbeitslosigkeit oder Angst vor dem Verlust des Arbeitsplatzes für die jungen Ostdeutschen bis vor kurzer Zeit faktisch unbekannte Erlebnisse waren. Das belegen auch die folgenden Vergleiche von Untersuchungsergebnissen vor und nach der Wende, denen identische Fragestellungen zugrunde liegen:

Tabelle 135: Erleben von Bedrohungen durch mögliche eigene Arbeitslosigkeit bei ostdeutschen Jugendlichen vor und nach der Wende. (Angaben in Prozent)

„Ich fühle mich persönlich bedroht durch den Verlust des Arbeitsplatzes."

1 = sehr stark
2 = stark (1+2)
3 = mittel
4 = schwach
5 = überhaupt nicht

	1	2	(1+2)	3	4	5
junge Erwerbstätige						
(18 bis 29 Jahre)						
1987	8	6	(14)	6	12	68
1990 (September)	41	28	(69)	19	9	3
Lehrlinge						
1987	7	8	(15)	11	17	57
1990	42	29	(71)	19	10	–

Diese Daten manifestieren einen gewaltigen Umbruch, der für die betroffenen Bürger einen tiefen, kritischen Einschnitt in ihr Leben bedeutet.

Auch die vorliegende Studie läßt den starken Einfluß bestehender oder drohender Arbeitslosigkeit auf die Grundhaltungen und die psychische Befindlichkeit der jungen Ostdeutschen erkennen. Exemplarisch zeigt das die folgende Tabelle:

Tabelle 136: Zusammenhang zwischen der Befürchtung, arbeitslos zu werden bzw. realer Arbeitslosigkeit einerseits und dem Empfinden von Zukunftsangst andererseits.

„Ich habe Angst vor der Zukunft."

	meistens %	manchmal %	selten %	nie %
Gesamtgruppe	8	37	35	19
Arbeitslosigkeit wird nicht befürchtet	3	29	43	25
Arbeitslosigkeit wird befürchtet	8	42	32	17
Arbeitslose	22	41	20	15

Quelle: Forschungsinstitut der Konrad-Adenauer-Stiftung, Archiv-Nr. 9104

Jugendliche, die keine Arbeitslosigkeit befürchten, sind deutlich häufiger frei von Zukunftsangst bzw. empfinden sie nur selten.

Betont sei, daß die erwähnten Fakten und Zusammenhänge die Situation in den Jahren 1990 und 1991 widerspiegeln. Neueste Ergebnisse vom Frühjahr 1992 deuten darauf hin, daß die Arbeitslosigkeit (obwohl ihr reales Ausmaß in Ostdeutschland nicht geringer geworden ist) von den Jugendlichen als weniger bedrohlich erlebt wird. Das geht auch aus den Meinungstrends seit April 1990 hervor, über die folgende Tabelle informiert:

Tabelle 137: Erleben persönlicher Bedrohungen durch mögliche Arbeitslosigkeit bei ostdeutschen Jugendlichen im Trend.

„Ich fühle mich durch mögliche Arbeitslosigkeit bedroht.“

		1 stark %	2 eher stark %	(1+2) %	3 eher schwach %	4 schwach %
April	1990	29	26	(55)	28	17
Juni	1990	33	23	(56)	27	17
September	1990	42	27	(69)	22	9
männlich		32	30	(62)	25	13
weiblich		50	24	(74)	20	6
Dezember	1990	29	26	(55)	30	15
männlich		25	29	(54)	32	14
weiblich		33	23	(56)	29	15
April	1992*)	17	22	(39)	35	26
männlich		11	20	(31)	36	33
weiblich		23	24	(47)	34	19

* 19- bis 25-jährige Jugendliche aus Sachsen. Jugendliche dieses neuen Bundeslandes fühlten sich zu allen Untersuchungszeitpunkten weniger häufig als Jugendliche aus den übrigen neuen Bundesländern durch Arbeitslosigkeit bedroht. Der Freistaat Sachsen hat die niedrigste Arbeitslosenquote in Ostdeutschland aufzuweisen (März 1992: 14,1%; Ostdeutschland insgesamt: 15,5%).

Nachdem der Anteil der Jugendlichen, die Angst vor eigener Arbeitslosigkeit empfanden, kurz vor der Vereinigung auf knapp 70% geschnellt war (weiblich: 74%), ging er danach wieder zurück, bei den männlichen Jugendlichen deutlicher als bei den weiblichen. Auch im Frühjahr 1992 äußert noch die knappe Hälfte der weiblichen 19- bis 25jährigen Angst vor persönlicher Arbeitslosigkeit, verständlich bei einem weiter steigenden Anteil von Frauen an der Gesamtzahl Arbeitsloser. Alles in allem läßt der Trend vermuten, daß die Schockwirkung der Massenarbeitslosigkeit im Osten auf junge Leute allmählich zurückgeht und eine gewisse Gewöhnung und Anpassung an diese Begleiterscheinung der Marktwirtschaft eingesetzt hat. Es bleibt abzuwarten, ob dieser Trend anhält.

4. Nationalgefühl im Rückblick

Junge Menschen in der DDR fühlten sich zu allen Zeiten als Deutsche. Aber der Inhalt dessen, was für sie „Deutscher“ bzw. „Deutschland“ ausmachte, war für einen großen Teil von ihnen ziemlich vage, wurde wenig reflektiert, veränderte sich in den Jahren, blieb vom Deutschlandbild der SED-Propaganda stark beeinflußt. Nationalität: deutsch; Staatsbürgerschaft: DDR!

Deutschland war danach offiziell auf eine sprachliche, historisch-kulturelle und ethnische Einheit reduziert, aber sollte kein politisches Gebilde sein.

Die meisten Jugendlichen fühlten sich früher als DDR-Deutsche, verbanden ihre nationale Identität durchaus mit sozialistischen Überzeugungen. Ein kleinerer Teil setzte sich allerdings mit seiner Deutschland-Identifikation nachdrücklich und sehr bewußt (als einer Form der „inneren Emigration") von den offiziellen politischen Klischees ab. Diese Deutschland-Verbundenheit bezog sich auf den anderen Landesteil, war ein Protest gegen „die Farben der DDR".

Schon einige Jahre vor der Wende brachen die Probleme und Identifikations-Konflikte stärker auf. Auch danach verschwanden sie nicht automatisch. Jetzt zeigte sich für viele junge Leute, daß die DDR als Heimatland für sie persönlich weitaus mehr Bedeutung besaß, als lediglich Land der SED gewesen zu sein.

Dazu empirische Daten:

Tabelle 138: Identifikation Jugendlicher mit der DDR.
„Ich fühle mich mit der DDR eng verbunden."

	vollkommen %	mit Einschränkung %	kaum/ überhaupt nicht %
Lehrlinge			
1983	46	45	9
1985	51	43	6
1986	48	46	6
1988 (Mai)	28	61	11
1988 (Oktober)	18	54	28
junge Arbeiter			
1983	55	38	7
1985	57	39	4
1986	46	49	5
1988 (Mai)	32	61	7
1988 (Oktober)	19	58	23

Der enorme Rückgang der DDR-Verbundenheit seit Mitte der achtziger Jahre setzte sich auch noch 1989 fort. Er resultierte vor allem aus der zunehmend radikaleren Ablehnung des SED-Regimes.

Unmittelbar nach dem Volksaufstand trat wieder eine positivere Einstellung zur DDR hervor. Doch diese DDR war ja inzwischen eine ganz andere geworden. Mit ihr wurden anfänglich große Hoffnungen auf demokratische Reformen, demokratische Aktionen, ebenso politische Illusionen eines dritten Weges verknüpft. Es war aber auch das Kraftbewußtsein der Sieger, den Systemsturz von unten vollbracht zu haben, was das DDR-Bewußtsein kurzzeitig wieder aufflackern ließ.

In den repräsentativen Meinungsumfragen des ZIJ schlägt sich hier deutlich nieder, was die folgenden Ergebnisse der 15- bis 25jährigen Jugendkohorten zeigen.

Tabelle 139: Identifikation mit der DDR nach der Wende.
„Ich fühle mich als DDR-Bürger."

		vollkommen %	etwas schon %	eigentlich bzw. absolut nicht %
November	1989	71	22	7
Februar	1990	47	29	24
April	1990	52	31	17
Juni	1990	41	35	24
August	1990	47	34	19
September	1990	41	31	28

Bereits im Februar 1990 zeigt sich erneut eine Abschwächung der DDR-Verbundenheit, die allerdings bis zur Vereinigung nur wenig weiter zunahm.

Gleichzeitig verliert – angesichts der beschlossenen und immer näherrückenden Vereinigung – der Gegensatz von Deutschland und DDR in den Köpfen der Jugendlichen an Bedeutung und Brisanz. Man kann sich sowohl als Deutscher fühlen, aber eben als ein solcher, der sein Leben lang in der DDR aufgewachsen ist, in diesem (abgegrenzten) Lande seine Lebenserfahrungen und persönliche Identität gefunden hat. Der früher oktroyierte Systemgegensatz störte nicht mehr die emotionellen Bekenntnisse. In diesem Sinne sind auch die folgenden Ergebnisse der Meinungsumfragen des ZIJ im Jahre 1990 zu betrachten.

Tabelle 140: Identifikation mit Deutschland.
„Ich fühle mich als Deutscher."

		vollkommen %	etwas schon %	eigentlich bzw. absolut nicht %
November	1989	69	26	5
Februar	1990	75	22	3
April	1990	59	32	9
Juni	1990	63	29	8
August	1990	56	30	14
September	1990	48	44	8
Juni	1991	53	34	13

Jeder zweite ostdeutsche Jugendliche betont im Juni 1991, sich einschränkungslos als Deutscher zu fühlen. Das sind bedeutend mehr als in Westdeutschland (vgl. Kapitel V). Dieser hohe Identifikationsgrad ergibt sich aus dem Bedürfnis, die neugewonnenen Positionen und Lebenschancen demonstrativ zu unterstreichen, aber auch daraus, die zahlreichen Unsicherheits- und Deklassierungserlebnisse, den plötzlichen Verlust an gewohnten Lebenslagen, den Modernisierungsschock zu kompensieren. Ein durchaus verständliches Streben, das verunsicherte Selbstwertgefühl durch Teilhabe an nationalen Errungenschaften zu stabilisieren.

Im Frühjahr 1992 fühlen sich noch etwa 30% der Jugendlichen aus Sachsen und Sachsen-Anhalt „vollkommen" als Bürger der ehemaligen DDR, über 40% „etwas schon". Auch wenn man in Rechnung stellen muß, daß es etwas anderes ist, sich wie im Jahre 1990 mit der noch existierenden DDR oder wie 1992 mit einem nicht mehr existenten politischen Gebilde verbunden zu fühlen, zeugen diese Daten doch von Schwierigkeiten der Identitätsfindung.

Die emotionale Einstellung der Jugendlichen zu Deutschland und zur DDR hat sich in den letzten Jahren stark gewandelt. Auch gegenwärtig fühlen sich noch viele junge Ostdeutsche sowohl als Deutsche wie auch als Bürger der ehemaligen DDR. Doch deutet diese Koexistenz der Gefühle keineswegs auf eine nostalgische Beziehung zum alten politischen System hin, sondern ist überwiegend Ausdruck des Heimaterlebens, der Einschätzung der eigenen biographischen Lebenswelt.

5. Lebensorientierungen der DDR-Jugend seit den siebziger Jahren

Die letzten Jahre des SED-Regimes, schließlich sein Zusammenbruch sowie der schnelle Einigungsprozeß, das Sich-zurecht-finden-müssen in einer fundamental anderen Gesellschaftsordnung hat bei den meisten jungen Menschen der ehemaligen DDR zu einem „sozial-kulturellen Schock" geführt, der psychisch schwer zu verarbeiten war. Es war ein Sturz in eine völlig ungewohnte Lebenswelt. Junge Menschen erlebten diesen System-Umbruch unmittelbar als Erschütterung, Labilisierung, Auflösung ihrer bisherigen Lebenslage und zahlreicher Lebensorientierungen, gleichzeitig aber auch als Herausforderung, als Möglichkeit der Selbstaktivierung und Selbstgestaltung in einem früher nicht gekannten Maße. Immerhin gingen dem Umbruch langfristige Distanzierungen und Umorientierungen im Bewußtsein der Jugend voraus, wie es die Studien des ZIJ nachweisen. Darin waren auch Reformwünsche lebendig, die sich nun verwirklichen sollten. Außerdem war das „neue" westliche System mit seinen Lebensbedingungen weithin bekannt.

Trotzdem konnte dieser Übergang in eine so radikal neue Lebenswelt zu starken Veränderungen des Wertebewußtseins, der Lebensstrategien, der gesamten Mentalität der Jugendlichen führen.

Man kann erwarten, daß sich aus diesen tiefgreifenden Prägungserlebnissen in den nächsten Jahren eine für größere Teile der ostdeutschen Jugend charakteristische „*Generationsgestalt*“ herausbilden wird. Bestimmte Merkmale einer solchen zeitgeschichtlich profilierten Generationsmentalität deuten sich schon an.

Die Umwertung der Werte bezieht sich nicht nur auf die unmittelbar politischen/ideologischen Wertbereiche, sondern erstreckt sich ebenso auf nahezu alle anderen relevanten Daseinsbereiche, wie z.B. auf die Vorstellungen vom Lebenssinn und Lebensglück, von Arbeit und Beruf, von Freizeit, Familie, Partnerschaft, von Toleranz und Solidarität im sozialen Zusammenleben, von Moral und Religion, von den Pflichten und Rechten des einzelnen, der Gruppen, Klassen, Nationen. Neue Motivationen, Ansprüche, Interessen, soziale Bedürfnisse bilden sich heraus, werden erlebt und im Alltag auch verhaltenswirksam.

Bei aller Betonung dieses Mentalitätswandels der letzten Jahre dürfen doch nicht die vorhergehenden längerfristigen Wandlungsprozesse im Bewußtsein und Verhalten der DDR-Jugend übersehen werden, die sich z.B. schon in den siebziger/achtziger Jahren im Bereich ihrer Lebensorientierungen vollzogen haben. Die Jugendforschung hat diesen zeitgeschichtlichen Mentalitätswandlungen seit Mitte der siebziger Jahre verstärkt Aufmerksamkeit geschenkt, sie in zahlreichen Studien analysiert (vgl. mehrere Beiträge in Friedrich/Griese 1991; Friedrich 1990).

Die Ergebnisse einer von Harry Müller geleiteten Vergleichsuntersuchung, die 1975 im ZIJ begonnen und 1985/89/90 wiederholt wurde, sollen hier bezeugen, welch intensive Veränderungen im Wertebewußtsein der jungen Menschen tatsächlich in diesen Jahren bereits abgelaufen sind. Ein Wertewandel, allerdings mit den für die DDR-Jugend typischen Akzenten, hatte mindestens seit Mitte der siebziger Jahre eingesetzt.

Tabelle 141: Vergleich der Lebensorientierungen von 18/19jährigen Lehrlingen 1975 – 1990.

1975 N = 717
1985 N = 495
1989 N = 743
1990 N = 400 (Febr.)

Lebensorientierungen	Jahr	Ein solches Lebensziel entspricht meinen Absichten voll %	mit Einschränkung %	kaum/nicht %
Streben nach sozialer Anerkennung: hohe Anerkennung erreichen, etwas gelten	1975	13	50	37
	1985	18	62	20
	1989	32	52	16
	1990	34	47	19
Streben nach Selbstgestaltung: stets kritisch gegen mich selbst sein, mich selbst erziehen	1975	30	53	17
	1985	35	55	10
	1989	40	42	18
	1990	46	41	13
Erlebnisstreben: öfter etwas Verrücktes erleben, Abenteuer	1975	14	44	42
	1985	40	44	16
	1989	52	37	11
	1990	60	34	6
Christ sein: ein guter Christ sein, an Gott glauben	1975	3	9	88
	1985	6	12	82
	1989	11	11	78
	1990	12	11	77
Gerechtigkeitsstreben: allen gegenüber gerecht sein, selbst, wenn man nichts davon hat	1975	32	54	14
	1985	33	56	11
	1989	47	41	12
	1990	49	43	8
kulturelles Streben: sich kulturell bilden, mit Literatur, Kunst, Musik beschäftigen	1975	27	51	22
	1985	23	51	26
	1989	31	45	24
	1990	26	40	34
Arbeitsethos: in einer guten Arbeit eine hohe Ehre sehen, es beruflich zu etwas bringen	1975	33	53	14
	1985	24	55	19
	1989	55	39	6
	1990	68	28	4
Streben nach Geselligkeit: einen Kreis guter Freunde/Freundinnen besitzen	1975	42	48	10
	1985	69	29	2
	1989	89	10	1
	1990	92	7	1
Zukunftseinstellung: mir ist vor der Zukunft bange	1975	4	15	81
	1985	6	28	66
	1989	7	18	75
	1990	16	29	55

Auf eine ausführliche Interpretation dieser Tabelle soll hier verzichtet werden. Die Trends sind eindeutig und haben sich besonders in der zweiten Hälfte der achtziger Jahre massiv verstärkt. Das betrifft vor allem das Streben nach Selbstbestimmung und Respektierung/Achtung der eigenen Persönlichkeit und nach sozialer Gerechtigkeit. Diese Bedürfnistrends entstanden eindeutig aus der immer kritischer werdenden gesellschaftlichen und politischen Situation der damaligen DDR.

Auch das wachsende Interesse an informellen Freunden/Kontakten muß vor diesem gesellschaftlichen Hintergrund gesehen werden. Es impliziert gleichzeitig die Ablehnung der formellen Kollektivformen, der Organisationen und sozialen Institutionen. Deutlich angestiegen ist das Bedürfnis nach Spannung, Lebensgenuß, nach Reisen, Liebesglück etc.

Der Lebenswert Arbeit/Berufskarriere wird ab 1989 (nach einer längeren Phase der Gleichgültigkeit; Arbeitsengagement lohnte sich ja nicht!) wieder von vielen jungen Menschen hoch eingeschätzt.

Leider konnte der Fortgang dieses Wandlungsprozesses der Lebensorientierungen seit Anfang 1990 nicht exakt weiter verfolgt werden. Ein methodisch verändertes Verfahren wurde übernommen und auch bald in zwei repräsentativen Umfragen im April sowie im August 1990 bei Jugendlichen zum Einsatz gebracht. Da es auch in dieser Jugendstudie angewandt wurde, können Vergleiche bei ostdeutschen Jugendlichen von April 1990 bis Juni 1991 angestellt werden. Im April 1992 kam dieses Verfahren bei einer repräsentativen Stichprobe von Jugendlichen des Freistaates Sachsen zur Anwendung. Diese Ergebnisse werden hier mitgeteilt.

Tabelle 142: Lebensorientierungen der DDR/ostdeutschen Jugend 1990/91 bzw. junger Sachsen 1992.

„In seinem Leben kann man sich verschiedene Ziele stellen, die man erreichen möchte. Inwieweit hat jedes Ziel für Sie Bedeutung?"

		sehr große %	große %	mittlere %	geringe %	keine %
für andere Menschen da sein, auch wenn man selbst auf etwas verzichten müßte	4/90	28	42	25	4	1
	8/90	22	52	23	3	–
	6/91	19	43	31	6	1
	4/92	21	43	30	5	1
eine erfüllte Arbeit haben, in der man aufgehen kann	4/90	61	33	5	–	1
	8/90	67	26	4	2	1
	6/91	56	34	9	1	–
	4/92	61	32	6	1	–
das Leben völlig selbständig und eigenverantwortlich gestalten	8/90	47	44	7	1	1
	6/91	45	40	13	2	–
	4/92	35	42	17	4	2
das Leben genießen, man lebt nur einmal	4/90	32	38	22	8	–
	8/90	43	33	19	4	1
	6/91	40	35	21	3	1
nach christlichen Werten leben	4/90	6	13	12	23	46
	8/90	1	12	17	22	48
	6/91	4	7	17	27	45
	4/92	9	8	14	20	49
sich politisch engagieren (z.B. in Parteien, Bürgerbewegungen)	8/90	8	9	41	27	15
	6/91	3	11	29	35	22
	4/92	1	4	16	43	36

Im Laufe dieser kurzen Zeitspanne – obgleich reich an großen politischen Ereignissen wie der Auflösung der DDR, deutsche Vereinigung, erste gesamtdeutsche Bundestagswahlen, aber auch an solchen Erfahrungen wie Wohlstandsgefälle, Massenarbeitslosigkeit im Osten, Kommunikationsprobleme zwischen West- und Ostdeutschland – waren überraschende und kapitale Veränderungstrends nicht zu erwarten. Große Trendsprünge sind daher nicht zu beobachten. Offenbar hat – unter industriegesellschaftlichen Jahrhunderttrends – eine gewisse Phase des Einpendelns begonnen.

Die Konvergenz zum Werte-Engagement der westdeutschen Jugend nimmt zu, obwohl sich die jungen Ostdeutschen meist noch aktiver/engagierter als diese geben. So wird z.B. die Einsatzbereitschaft für andere Menschen, ein Kriterium für Solidarität/soziales Engagement, immerhin von 10% junger Ostdeutscher noch häufiger betont, hat jedoch seit Mitte 1990 deutlich abgenommen.

Nicht übersehen werden kann, daß die Bedeutung christlicher Werte bei den ostdeutschen Jugendlichen weiter an Boden verloren hat.

Stark nachgelassen hat das politische Engagement, was sich vor allem in den hohen Ablehnungswerten (geringe/keine Bedeutung) ausdrückt. Diese sind beim politischen Disengagement von 42% auf 57%, 1992 sogar auf 79% gestiegen. Die entsprechenden Zahlen der westdeutschen Jugendlichen liegen bei beiden Wertorientierungen zwar etwas niedriger, doch bewegen sie sich 1991 auch um die 50-%-Marke.

Die Lebensorientierungen der DDR-Jugend unterlagen bereits in den siebziger Jahren, besonders jedoch seit Mitte der achtziger Jahre bedeutenden Veränderungsprozessen. Ein durchaus intensiver Wertewandel mit speziellen DDR-Akzenten hat schon lange vor der Wende eingesetzt.

Die neuen politischen, wirtschaftlichen, sozial-kulturellen Lebensverhältnisse führen zu einer weiteren Annäherung an die westdeutschen Strukturen der Werte- und Lebensorientierungen. Doch können auch Unterschiede in den Einstellungen, Motiven, Verhaltensweisen bei Jugendlichen in Ost und West noch für längere Zeit fortbestehen, eventuell sich teilweise vorübergehend noch verstärken. Entscheidend werden die Lebensverhältnisse in beiden Landesteilen sein.

6. Haltung der DDR-Jugend zu Religion und Atheismus

In den fünfziger Jahren hat sich in der DDR ein Säkularisierungsschub vollzogen, der vor allem breite Teile der Jugend erfaßte.

Die Ursachen dafür waren, neben der allgemeinen weltanschaulichen Orientierungskrise nach dem zweiten Weltkrieg, die massive ideologisch-propagandistische Indoktrination des atheistischen Marxismus-Leninismus und ein mit militanten Methoden geführter Kampf gegen die Kirche. Konfessionell gebundene Jugendliche waren häufig Kritik und Sanktionen ausgesetzt, ihre schulischen, beruflichen und sozialen Entwicklungschancen waren beschnitten.

Doch sollte auch nicht übersehen werden, daß in der damaligen Zeit sehr viele junge Menschen, besonders in den größeren Städten des vorwiegend protestantischen Ostens schnell bereit waren, sich von der Kirche abzuwenden.

Schon Anfang der sechziger Jahre betrug die Zahl der sich zu einer Religion bekennenden Schüler und Lehrlinge – nach einer speziellen Untersuchung bei 2.000 14- bis 18jährigen – nur noch 12%; 33% bezeichneten sich als Unentschiedene bzw. Anhänger „anderer" Auffassungen, 53% als Atheisten (2% k.A.).

Nach Gründung des Leipziger Jugendforschungsinstituts (1966) wurde die Einstellung der DDR-Jugend zu Religion, Atheismus mit einer Standardfrage immer wieder untersucht, so daß die Trends bei verschiedenen Jugendschichten bis 1989 eindeutig nachgewiesen werden können.

Tabelle 143: Einstellung der DDR-Jugend zu Religion und Atheismus zwischen 1970 bis 1989, differenziert nach Lehrlingen und jungen Arbeitern.

	atheistisch %	religiös %	unentschieden %
Lehrlinge			
1970	67	6	27
1975	69	11	20
1979	62	12	26
1984	63	10	27
1986	65	11	24
1988	64	16	20
1989	65	15	20
Junge Arbeiter			
1970	64	4	32
1975	70	9	21
1979	62	9	29
1984	65	7	28
1986	60	13	27
1988	64	16	20

Die Tabelle zeigt, daß es in diesem fundamentalen Bekenntnisbereich, der weltanschaulichen Position, in den siebziger/achtziger Jahren keine wesentlichen Veränderungsprozesse mehr gegeben hat. Die Zahl der Religiösen hat allerdings seit Mitte der achtziger Jahre leicht zugenommen. Auch unmittelbar nach der Wende erhielten wir ein ganz ähnliches Verteilungsbild.

In einer DDR-repräsentativen Meinungsumfrage vom August 1990 bekannten sich von der Alterskohorte der 18- bis 24jährigen:

60% zur atheistischen Position,
15% zu einer Religion, darunter 4% zur katholischen Konfession,
25% waren unentschieden.

Mit einem aus Vergleichsgründen anderen Fragetext und einem anderen Antwortmodell erbrachte die nächste repräsentative Umfrage folgendes Resultat:

Tabelle 144: Einstellung zu Konfessionen/Atheismus bei 15- bis 24jährigen

	evangelisch %	katholisch %	andere Konfession %	ohne Konfession/ Atheisten %
September 1990	18	8	1	73
zum Vergleich: junge Ostdeutsche der Studie der Konrad-Adenauer-Stiftung, Juni 1991	22	4	3	70
junge Sachsen April 1992	20	3	2	75

Die für die DDR-Jugend seit Anfang der sechziger Jahre charakteristische Verteilung der weltanschaulichen (konfessionellen/konfessionslosen) Positionen ist in starker Veränderung begriffen. In Abhängigkeit von den radikalen Umbrüchen der sozialen Lebenswelt kommt es zu strukturellen Wandlungsprozessen des weltanschaulichen Bewußtseins, zu häufigen Neubewertungen der persönlichen Haltung zu Religionen/Atheismus.

Doch sollte man glatten Prognosen gegenüber skeptisch sein. Wie die weitere Entwicklung tatsächlich verlaufen wird, erscheint heute durchaus noch ungewiß.

Wir vermuten: Die Zahl der Kirchenmitglieder wird sich bei der ostdeutschen Jugend in den kommenden Jahren erhöhen. Ob dies Ausdruck einer Festigung ihres religiösen Bewußtseins, eines Bedeutungszuwachses der christlichen Kirchen im Leben junger Menschen sein wird, bleibt abzuwarten. Der Säkularisierungstrend dürfte sich wohl zunächst bei der ostdeutschen Jugend weiter fortsetzen – was nicht automatisch „Entinnerlichung", „Veroberflächlichung des Denkens" bedeuten muß.

Im ganzen zeigen die speziellen Antworten der ostdeutschen Jugendlichen in ihrer Meinungsbildung die Dominanz von Analogien mit der Mentalität der westdeutschen – und eine geringere Häufigkeit von Unterschieden bzw. Gegensätzen. Dabei beziehen sich die ersteren mehr auf grundlegende Einstellungen, die letzteren mehr auf Beurteilungen aktueller Problemlagen.

Sowohl die seit langem erfolgte Meinungsänderung innerhalb der DDR-Jugend wie die fraglos – mental und praktisch – schwierige Konfrontation mit den neuen Eindrücken der Wende lassen eine weitergehende Angleichung der Bewußtseinslagen zwischen Ost und West und damit die Fortentwicklung auf „*eine* Jugend in Deutschland" erwarten.

Abkürzungsverzeichnis:

Arbl.	Arbeitslose
B 90	Bündnis 90
DJI	Deutsches Jugendinstitut, München
EOS	Erweiterte Oberschule
G. ST.	Gesamtstichprobe
k.A.	keine Antwort
w.-o.	west-ost
w.-m.	weiblich-männlich
ZIJ	Zentralinstitut für Jugendforschung, Leipzig

Literaturauswahl

Allensbacher Berichte Nr. 9/1990 Einstellungen zu Arbeit und Freizeit in der Bundesrepublik und in der DDR.

Allerbeck, Klaus R.; Hoag, Wendy J., Jugend ohne Zukunft? München: Piper 1985

Baacke, Dieter, Jugend und Jugendkulturen. Weinheim/München: Juventa 1987

Brenner, Gerd, Identität durch Lebensstil? in: Deutsche Jugend, 7/8 1989, S.323-334

Deutsches Jugendinstitut (DJI) (Hrsg.) Deutsche Schüler im Sommer 1990 – Skeptische Demokraten auf dem Weg in ein vereintes Deutschland. Deutsch-deutsche Schülerbefragung 1990. DJI Arbeitspapier 3-019. München 1990

EMNID-Institut, Jugend zwischen 13 und 24. Tabellenband I und II, Trendkommentar Band III. Bielefeld 1986

Fischer, Claus A. (Hrsg.), Wahlhandbuch für die Bundesrepublik Deutschland 1946 – 1989. Paderborn: Schöningh 1990

Förster, Peter, Weltanschaulich-politisches Bewußtsein. in: Friedrich, Walter; Griese, Hartmut (Hrsg.), Jugend und Jugendforschung in der DDR. Opladen: Leske + Budrich 1991

Förster, Peter; Friedrich, Walter, Politische Einstellungen und Grundpositionen Jugendlicher in Ostdeutschland. in: Aus Politik und Zeitgeschichte. Beilage zur Wochenzeitung Das Parlament, B 38/92, S. 3-14

Förster, Peter; Friedrich, Walter; Müller, Harry; Schubarth, Winfried, Jugendliche in Ostdeutschland 1992. Forschungsbericht im Auftrag der Freudenberg-Stiftung. Leipzig 1992

Förster, Peter; Roski, Günter, DDR zwischen Wende und Wahl. Meinungsforscher analysieren den Umbruch. Berlin: LinksDruck Verlag 1990

Forschungsinstitut der Konrad-Adenauer-Stiftung (Hrsg.), Repräsentative Jugendstudie. Sankt Augustin. 1979. 1983. 1989

Freiburg, Arnold; Mahrad, Christa, FDJ. Der sozialistische Jugendverband der DDR. Opladen: Westdeutscher Verlag 1982

Friebel, Harry, Wunschberuf, Berufsstart und Arbeitslosigkeit. in: Soziale Welt, 3/1987, S.350-364

Friedrich, Walter, Mentalitätswandlungen der Jugend in der DDR. in: Aus Politik und Zeitgeschichte. Beilage zur Wochenzeitung Das Parlament, B 16-17/90, S.25-37

Friedrich, Walter; Förster, Peter, Ostdeutsche Jugend 1990. Deutschland Archiv, 4/1991, S. 349-360; 7/1991, S. 701-714

Friedrich, Walter; Griese, Hartmut (Hrsg.), Jugend und Jugendforschung in der DDR. Opladen: Leske + Budrich 1991

Friedrich, Walter; Hennig, Werner (Hrsg.), Jugend in der DDR. Daten und Ergebnisse der Jugendforschung vor der Wende. München/Weinheim: Juventa Verlag 1991

Friedrich, Walter; Schubarth, Winfried, Ausländerfeindlichkeit und Rechtsextremismus bei ostdeutschen Jugendlichen. Deutschland Archiv, 1991, 10, S. 1052-1065

Fuchs-Heinritz, Werner, Biographische Studien zur Jugendphase. in: Mayer, Karl Ulrich, (Hrsg.), Lebensverläufe und sozialer Wandel. in: Sonderheft 31. Kölner

Zeitschrift für Soziologie und Sozialpsychologie. Opladen: Westdeutscher Verlag 1990, S. 58-88

Giddens, Anthony, Die Konstitution der Gesellschaft. Frankfurt/M./New York: Campus 1988

Gluchowski, Peter, Freizeit und Lebensstile. Erkrath 1988

Groot, Wim; Jehoel-Gijsbers, Geidon, Unemployed Youth: A Lost Generation? in: Work, Employment and Society 1989, No. 4, Vol. 3, S. 491-508

Gukenbiehl, Hermann, Seifert, Michael, Lebensalter und Freizeit. in: Deutsche Jugend 10/1989, S. 429-436

Harenberg, Werner, Das Profil der Deutschen. Was sie vereint, was sie trennt. SPIEGEL SPEZIAL 1/1991

Hennig, Werner; Friedrich, Walter (Hrsg.), Jugend in der DDR. Daten und Ergebnisse der Jugendforschung vor der Wende. Weinheim/München: Juventa 1991

Hermanns, Manfred; Hille, Barbara, Familienleitbilder im Wandel. Normative Vorgaben und Selbstkonzepte von Eltern und Jugendlichen. Materialien zum Siebten Jugendbericht. Band 3. München. DJI Verlag Deutsches Jugendinstitut 1987

Hille, Barbara, Familie und Sozialisation in der DDR. Opladen: Leske + Budrich, 1985

Hille, Barbara, Zum Stellenwert von Ehe und Familie für Jugendliche in beiden deutschen Staaten. in: Hille, Barbara; Jaide, Walter (Hrsg.), DDR-Jugend. Politisches Bewußtsein und Lebensalltag. Opladen: Leske + Budrich 1990a, S. 17-36

Hille, Barbara, Jugend und Beruf in beiden deutschen Staaten. in: Hille, Barbara; Jaide, Walter (Hrsg.), DDR-Jugend. Politisches Bewußtsein und Lebensalltag. Opladen: Leske + Budrich 1990b, S. 37-74

Hille, Barbara, Weibliche Jugend in der DDR. in: Hille, Barbara; Jaide, Walter (Hrsg.), DDR-Jugend. Politisches Bewußtsein und Lebensalltag. Opladen: Leske + Budrich 1990c, S. 251-275

Hille, Barbara, Nicht nur Blauhemden. Die Situation der Jugendlichen in der ehemaligen DDR. Deutschland-Report 13. Hrsg. von Veen, Hans-Joachim; Weilemann, Peter R., Forschungsinstitut der Konrad-Adenauer-Stiftung. Melle: Ernst Knoth Verlag 1991a

Hille, Barbara, Jugend im vereinten Deutschland. Ergebnisse der empirischen Jugendforschung für die Erwachsenenbildung. in: berichte – materialien – planungshilfen. Pädagogische Arbeitsstelle, Deutscher Volkshochschulverband. Frankfurt/M. 1991b

Hille, Barbara, Mädchenbildung in Deutschland unter dem Einfluß unterschiedlicher Systembedingungen. in: Wessel, Karl-Friedrich; Bosinski, Hartmut A. G. (Hrsg.), Interdisziplinäre Aspekte der Geschlechterverhältnisse in einer sich wandelnden Zeit. Berliner Studien zur Wissenschaftsphilosophie und Humanontogenetik. Band 1. Bielefeld: Kleine Verlag 1992, S. 203-216

Hille, Barbara, Lebenssituation und Lebensperspektiven Jugendlicher im vereinten Deutschland. in: Aus Politik und Zeitgeschichte. Beilage zur Wochenzeitung Das Parlament. B 24/93, 11. Juni 1993a, S. 14-20

Hille, Barbara, Geschlechtstypische Differenzen und Benachteiligungen. Weibliche Jugendliche in Bildung, Ausbildung, Studium. in: Helwig, Gisela; Nickel, Hildegard Maria (Hrsg.), Frauen in Deutschland 1945 – 1992. Berlin: Akademie Verlag 1993b, S. 215-231

Hille, Barbara; Jaide, Walter (Hrsg.), DDR-Jugend. Politisches Bewußtsein und Lebensalltag. Opladen: Leske + Budrich 1990

Hurrelmann, Klaus; Heitmeyer, Wilhelm, Sozialisations- und handlungstheoretische Ansätze in der Jugendforschung. in: Krüger, Heinz Hermann (Hrsg.), Handbuch der Jugendforschung. Opladen: Verlag Leske + Budrich 1988, S. 47-70

Hurrelmann, Klaus u.a., Die psychosozialen „Kosten" verunsicherter Statuserwartungen im Jugendalter. in: Zeitschrift für Pädagogik, 1/1988, S.25-44

Jaide, Walter, Achtzehnjährige zwischen Reaktion und Rebellion. Opladen: Leske + Budrich 1978

Jaide, Walter; Hille, Barbara (Hrsg.). Jugend im doppelten Deutschland. Opladen: Westdeutscher Verlag 1977

Jaide, Walter; Hille, Barbara, Jugend in der DDR im Wandel? in: Politik und Kultur, 4/1990, S. 36-48

Jaide, Walter; Hille, Barbara, Zur Lage der Jugend in der Ex-DDR. in: Politische Studien, Heft 318, 42.Jg., Juli/August 1991, S. 372-387

Jaide, Walter; Hille, Barbara (Hrsg.), Jugend und Sport in den neuen Bundesländern. Opladen: Leske + Budrich 1992

Jaide, Walter; Veen, Hans-Joachim, Bilanz der Jugendforschung. Ergebnisse empirischer Analysen in der Bundesrepublik Deutschland 1975-1987, Studien zur Politik, Band 13. Paderborn: Verlag Ferdinand Schöningh 1989

Jugend '92, Lebenslagen, Orientierungen und Entwicklungsperspektiven im vereinten Deutschland, durchgeführt von Psydata, Institut für Marktanalysen, Sozial- und Mediaforschung. Band 1-4. Hrsg. vom Jugendwerk der Deutschen Shell Opladen: Leske + Budrich 1992

Klein, Thomas, Schulische Sozialisation und politische Werte: eine empirische Analyse zum Generationsmodell des Wertewandels. in: Zeitschrift für Sozialisationsforschung und Erziehungssoziologie, 1/1991, S.18-29

Koch, Reinhard, Alltagswissen versus Ideologie? Theoretische und empirische Beiträge zu einer Alltagsphänomenologie der DDR. in: Rytlewski, Ralf (Hrsg.), Politik und Gesellschaft in sozialistischen Ländern. Opladen: Westdeutscher Verlag 1990, S. 99-120

Köhler, Anne; Hilmer, Richard; Jugend und die deutsche Einheit. in: Weidenfeld, Werner; Korte, Karl-Rudolf (Hrsg.), Handwörterbuch zur deutschen Einheit. Bonn: Bundeszentrale für politische Bildung 1991, S.413-424

Mansel, Jürgen; Hurrelmann, Klaus, Arbeitsmoral und psychosoziale Belastung von Jugendlichen beim Übergang von der Schule in den Beruf. in: Zeitschrift für Berufs- und Wirtschaftspädagogik, 2/1990, S.125-146

Melzer, Wolfgang; Heitmeyer, Wilhelm; Liegle, Ludwig; Zinnecker, Jürgen (Hrsg.), Osteuropäische Jugend im Wandel. Ergebnisse vergleichender Jugendforschung in der Sowjetunion, Polen, Ungarn und der ehemaligen DDR. Weinheim/München: Juventa 1991

Menzen, Karl-H., Zur Deutung jugendlicher Ausdrucksformen. in: Menne, Klaus; Alter, K. (Hrsg.), Familie in der Krise. Weinheim/München: Juventa 1988, S. 89-99

Müller, Harry, Lebenswerte und nationale Identität. in: Friedrich, Walter; Griese, Hartmut (Hrsg.), Jugend und Jugendforschung in der DDR. Opladen: Leske + Budrich 1991

Noelle-Neumann, Elisabeth, Demoskopische Geschichtsstunde. Osnabrück: Fromm 1991

Sander, Uwe; Vollbrecht, Ralf, Zwischen Kindheit und Jugend. Weinheim/München: Juventa 1985

Schütz, Alfred; Luckmann, Thomas, Strukturen der Lebenswelt. 2 Bände. Frankfurt/M. 1979

SINUS-Institut, Die verunsicherte Generation. Jugend und Wertewandel. Opladen: Leske + Budrich 1983

Sobel, Michael E., Lifestyle and social structure, New York/London 1981

Thurn, Hans P., Abbau von Kultur: Dekulturation. in: Neidhardt, Friedhelm u.a. (Hrsg.), Kultur und Gesellschaft. Kölner Zeitschrift für Soziologie und Sozialpsychologie. Sonderheft 27/1986

Veen, Hans-Joachim, Jugend heute: Womit eigentlich identifizieren? Ursachen, Befunde und Folgen eines Jahrzehnts der Entpflichtung. in: Politische Studien, Sonderheft 2/1981

Veen, Hans-Joachim, Jugend heute: Als Bürger eher unterfordert. Daten zur politischen Psychologie ihrer Zufriedenheit und ihrer Proteste. in: Aus Politik und Zeitgeschichte. Beilage zur Wochenzeitung Das Parlement, 32-33/1982, S. 14

Veen, Hans-Joachim, Lebensperspektiven, Arbeitsorientierungen und politische Kultur Jugendlicher in der Mitte der 80er Jahre. in: Voss, Rüdiger v.; Friedrich, Karl (Hrsg.), Die Jungwähler. Bonn: Verlag Bonn Aktuell 1986, 35-72

Veen, Hans-Joachim, Die neue Spontanität – empirische Ergebnisse zur Erosion des institutionellen Bewußtseins bei Jüngeren. in: Oberreuter, Heinrich (Hrsg.), Wahrheit statt Mehrheit? München: Piper 1986, 105-123

Veen, Hans-Joachim; Hoffmann, Jürgen, Die Grünen zu Beginn der neunziger Jahre. Profil und Defizite einer fast etablierten Partei. Bonn: Bouvier Verlag 1992

Weidenfeld, Werner, Nation. in: Weidenfeld, Werner; Korte, Karl-Rudolf (Hrsg.), Handwörterbuch zur deutschen Einheit. Bonn: Bundeszentrale für politische Bildung 1991

Weidenfeld, Werner; Korte, Karl-Rudolf, Die Deutschen. Profil einer Nation. Stuttgart: Verlagsgemeinschaft Ernst Klett 1991

Zentralinstitut für Jugendforschung, Jugend im Wandel ihrer Werte (IS II) Reg.Nr. 2108 , Leipzig: September 1985

Zentralinstitut für Jugendforschung, Einstellungen und Interessen von Schülern 8. Klassen 1980 und 1988 – Eine Skizze zur zeitgeschichtlichen Sozialisationsforschung. Dienstsache Reg.Nr. ZIJ 25/88, 4. Ausfertigung, Blatt 1-7. Reg. Nr. 2346, April 1988

Anhang

Jugendstudie der Konrad-Adenauer-Stiftung

1991

- Fragebogen und Befragungshilfen* -

Umfrageinstitut: EMNID-INSTITUT, Bielefeld

* Hinweis für den Benutzer:

Die vom EMNID-INSTITUT für die Interviews zur Verfügung gestellten Unterlagen gliedern sich wie folgt: der *Fragebogen* selbst sowie *Listen/Kartenspiel* (diese sind unmittelbar im Anschluß an den Fragebogen abgedruckt), die als *Befragungshilfen* für einen Teil der Fragen dienen. Im Fragebogen befinden sich bei den jeweiligen Fragen Hinweise auf die entsprechenden Listen/Kartenspiel, die dem Befragten vom Interviewer vorgelegt/vorgelesen werden. So zum Beispiel enthält Liste 2 mögliche Antwortvarianten für Frage 4. Auf den Listen wurde zur besseren Übersichtlichkeit vermerkt, zu welchen Fragen sie herangezogen werden.

EMNID

EMNID-INSTITUT
GmbH & Co.
Bodelschwinghstraße 25a
4800 Bielefeld 1
Telefon (0521) 26001-0 . Telex 932833 . Telefax (0521) 26001-55

BEFRAGUNG-NR.:
112924

INTERVIEWER: Bitte unbedingt eintragen!

Postleitzahl des Befragten

1				
2				
3				
4				
5				
6				
7				
8				
9				
0				

Sample-Point Nummer

1				
2				
3				
4				
5				
6				
7				
8				
9				
0				

-1-

BITTE NICHT ÜBER DIESE LINE SCHREIBEN !!!

-2-

1. Zu Anfang eine ganz allgemeine Frage: Was machen Sie zur Zeit? Sagen Sie mir das bitte anhand der folgenden Liste.
LISTE 1

- [ ] 1 gehe noch zur Schule → 2
- [ ] 2 befinde mich im Studium an einer Universität/Hochschule/Fachschule/Fachhochschule → 2
- [ ] 3 ich suche noch einen Ausbildungs- bzw. Studienplatz → 3
- [ ] 4 stehe in einer Berufsausbildung → 5
- [ ] 5 bin bereits berufstätig → 5
- [ ] 6 bin zur Zeit arbeitslos (keine Kurzarbeit) → 7
- [ ] 7 bin zur Zeit bei der Bundeswehr/leiste Zivildienst → 3
- [ ] 8 bin Hausfrau/Hausmann und nicht berufstätig → 7

2. Macht Ihnen die Schule/das Studium gegenwärtig Spaß, geht es so oder ist es schwer zum Aushalten?

- [ ] 1 macht Spaß
- [ ] 2 geht so
- [ ] 3 ist schwer zum Aushalten

3. Haben Sie schon Vorstellungen darüber, welchen Beruf Sie einmal ergreifen wollen?

- [ ] 1 ja → 4
- [ ] 2 nein → 7

4. Ganz allgemein: welche Gründe sind für Sie persönlich am wichtigsten für Ihre Berufswahl? Auf der folgenden Liste sind einige mögliche Gründe aufgeführt. Nennen Sie mir bitte die drei wichtigsten! Es reicht, wenn Sie mir die Nummern auf der Liste angeben.
LISTE 2

1	2	3	4	5	6	7	8	9

→ weiter mit Fr. 7

5. Macht Ihnen die Arbeit/die Ausbildung Spaß, geht es so oder ist es schwer zum Aushalten?

- [ ] 1 macht Spaß
- [ ] 2 geht so
- [ ] 3 ist schwer zum Aushalten

6. Warum haben Sie sich gerade für diesen Beruf entschieden? Auf der folgenden Liste sind einige mögliche Gründe aufgeführt. Nennen Sie mir bitte die wichtigsten! Es reicht, wenn Sie mir die Nummern angeben.

LISTE 2

1	2	3	4	5	6	7	8	9

7. Auf der nächsten Seite stehen eine Reihe von Gruppen und Organisationen, die bestimmte Ziele und Ideen verfolgen. Mich würde interessieren, was Sie von diesen Gruppen halten bzw. ob Sie selbst zur Zeit bei Ihnen mitmachen. Ihre Antwortmöglichkeiten stehen auf LISTE 3

Markieren Sie bitte mit diesem Bleistift das entsprechende Kästchen!

INT.: Bogen und Bleistift zum Selbstausfüllen übergeben!

	finde ich gut und mache selbst mit	finde ich gut, mache aber selbst nicht mit	habe Verständnis dafür, mache selbst nicht mit	lehne ich ab	kenne ich nicht
	1	2	3	4	5
- Umweltschützer	☐	☐	☐	☐	☐
- Atomkraftgegner	☐	☐	☐	☐	☐
- Friedensbewegung	☐	☐	☐	☐	☐
- rechtsradikale Gruppen	☐	☐	☐	☐	☐
- Hausbesetzer	☐	☐	☐	☐	☐
- Schülermitverwaltung/ Studentenvertretungen	☐	☐	☐	☐	☐
- kirchl. Jugendgruppen	☐	☐	☐	☐	☐
- Freie Deutsche Jugend (FDJ)	☐	☐	☐	☐	☐
- Punks	☐	☐	☐	☐	☐
- Skinheads	☐	☐	☐	☐	☐
- Gewerkschaftsjugend	☐	☐	☐	☐	☐
- Jungsozialisten/ Falken	☐	☐	☐	☐	☐
- Junge Union/ Schülerunion	☐	☐	☐	☐	☐
- Die Grünen/ Bündnis 90	☐	☐	☐	☐	☐

FRAGEBOGEN BITTE ZURÜCK AN DEN INTERVIEWER!

8. Wenn Sie jemanden brauchen, mit dem Sie über Ihre persönlichen Probleme reden könnten, an wen wenden Sie sich dann?
LISTE 4
(Mehrfachnennungen möglich!)

1	2	3	4	5	6	7	8	9	10
☐	☐	☐	☐	☐	☐	☐	☐	☐	☐

9. Zwei Jugendliche unterhalten sich über ihre zukünftigen Berufschancen. Der eine sagt: "Wer sich anstrengt, kommt weiter im Leben." Der andere behauptet dagegen: "Über das eigene Weiterkommen entscheiden letztlich Zufall und gute Beziehungen." Welcher Meinung würden Sie sich anschließen?

☐ 1 wer sich anstrengt, kommt weiter im Leben

☐ 2 über das eigene Weiterkommen entscheiden letztlich Zufall und gute Beziehungen

10. Jetzt geht es um Ihre Lebensziele. In seinem Leben kann man sich verschiedene Ziele stellen, die man erreichen möchte. Wir haben einige Ziele zusammengestellt. Bitte sagen Sie mir anhand der Liste 5, inwieweit jedes Ziel für Sie von Bedeutung ist.
LISTE 5

	sehr große	große	mittlere	geringe	überhaupt keine
	Bedeutung				
	1	2	3	4	5
- für andere Menschen da sein, auch wenn Sie selbst auf etwas verzichten müssen	☐	☐	☐	☐	☐
- eine Arbeit haben, die Sie erfüllt, in der Sie aufgehen können	☐	☐	☐	☐	☐
- Ihr Leben völlig selbständig und eigenverantwortlich gestalten	☐	☐	☐	☐	☐
- nach christlichen Werten leben	☐	☐	☐	☐	☐
- sich politisch engagieren (z.B. in Bürgerbewegungen, Parteien)	☐	☐	☐	☐	☐
- das Leben genießen, man lebt nur einmal	☐	☐	☐	☐	☐
- viel Geld verdienen	☐	☐	☐	☐	☐

BITTE NICHT ÜBER DIESE LINE SCHREIBEN !!!

BITTE N I C H T ÜBER DIESE LINE SCHREIBEN !!!

11. Wenn Sie einmal an Ihr Leben denken, wie schätzen Sie Ihre augenblickliche Lebenssituation ein? Sind Sie - alles in allem:
LISTE 6

1	2	3	4	5
☐	☐	☐	☐	☐

12. Sehen Sie der Zukunft eher mit Zuversicht oder eher mit Befürchtungen entgegen?

☐ 1 eher mit Zuversicht

☐ 2 eher mit Befürchtungen

13. Jetzt einige Fragen dazu, wie Sie sich fühlen. Sagen Sie mir bitte Ihre Antworten anhand der Liste 7.
LISTE 7

	meistens 1	manchmal 2	selten 3	nie 4
- ich fühle mich einsam und allein	☐	☐	☐	☐
- ich bin ein lebensfroher und glücklicher Mensch	☐	☐	☐	☐
- ich traue mir zu, das zu erreichen, was ich mir vornehme	☐	☐	☐	☐
- ich bin voller Tatendrang	☐	☐	☐	☐
- ich habe Angst vor der Zukunft	☐	☐	☐	☐

14. Einige Fragen zur wirtschaftlichen Lage. Wie beurteilen Sie ganz allgemein die heutige wirtschaftliche Lage in der alten Bundesrepulblik - also den westdeutschen Bundesländern? Bitte sagen Sie mir das anhand der folgenden Liste.
LISTE 8

1	2	3	4	5
☐	☐	☐	☐	☐

15. Und wie beurteilen Sie die heutige wirtschaftliche Lage in den neuen ostdeutschen Bundesländern?
LISTE 8

1	2	3	4	5
☐	☐	☐	☐	☐

16. Und wie wird die wirtschaftliche Lage in der alten Bundesrepublik - also den westdeutschen Bundesländern in etwa 3 - 5 Jahren sein? Bitte sagen Sie es mir anhand von Liste 9.
LISTE 9

1	2	3	4	5
☐	☐	☐	☐	☐

17. Und wie wird die wirtschaftliche Lage in den neuen ostdeutschen Bundesländern in etwa 3 - 5 Jahren sein?
LISTE 9

1	2	3	4	5
☐	☐	☐	☐	☐

-5-

18. Befürchten Sie, daß Sie einmal arbeitslos werden könnten oder befürchten Sie das nicht?

- [ ] 1 ja, befürchte es
- [ ] 2 nein, befürchte es nicht
- [ ] 3 bin zur Zeit arbeitslos (nicht Kurzarbeit)

19. Was glauben Sie: Inwieweit werden Sie Ihre beruflichen Vorstellungen verwirklichen können? Sagen Sie mir das bitte anhand der Liste.

LISTE 10

1	2	3	4	5	0
[ ]	[ ]	[ ]	[ ]	[ ]	[ ]

20. Man geht in unserer Wirtschaftsordnung - also in der Marktwirtschaft - davon aus, daß derjenige, der viel leistet, auch viel erreichen kann: und daß derjenige, der weniger leistet, auch weniger erreicht. Finden Sie, daß das in Ordnung ist oder finden Sie das nicht in Ordnung?

- [ ] 1 ist so in Ordnung
- [ ] 2 ist so nicht in Ordnung

21. Im folgenden geht es darum, welche Eigenschaften die Jugendlichen in den alten bzw. in den neuen deutschen Bundesländern charakterisieren. Wie würden Sie die Jugendlichen in den alten Bundesländern beschreiben? Ich gebe Ihnen dazu eine Seite zum Selbstausfüllen. Auf dieser Seite finden Sie mehrere Eigenschaftspaare, die Gegensätze darstellen. Bitte geben Sie bei jedem Paar durch Markieren an, wie Sie die Jugendlichen im westlichen Teil Deutschlands einschätzen. Je weiter Sie in der Kästchenreihe nach links markieren, desto mehr trifft Ihrer Meinung nach die linke Eigenschaft zu, je weiter Sie nach rechts gehen, desto mehr trifft die rechte Eigenschaft zu.

INT. FRAGEBOGEN ZUM SELBSTAUSFÜLLEN ÜBERGEBEN!

Die Jugendlichen in den alten Bundesländern sind ...

- bescheiden	☐	☐	☐	☐	☐	☐	☐	- überheblich
- selbstbewußt	☐	☐	☐	☐	☐	☐	☐	- unsicher
- fleißig	☐	☐	☐	☐	☐	☐	☐	- faul
- aufs Geld bedacht	☐	☐	☐	☐	☐	☐	☐	- nicht aufs Geld bedacht
- weltoffen	☐	☐	☐	☐	☐	☐	☐	- provinziell
- ausländer-freundlich	☐	☐	☐	☐	☐	☐	☐	- ausländerfeind-lich
- politisch interessiert	☐	☐	☐	☐	☐	☐	☐	- politisch des-interessiert
- sympatisch	☐	☐	☐	☐	☐	☐	☐	- unsympathisch

22. Und wie sind die Jugendlichen in den neuen Bundesländern?

Die Jugendlichen in den neuen Bundesländern sind ...

- bescheiden	☐	☐	☐	☐	☐	☐	☐	- überheblich
- selbstbewußt	☐	☐	☐	☐	☐	☐	☐	- unsicher
- fleißig	☐	☐	☐	☐	☐	☐	☐	- faul
- aufs Geld bedacht	☐	☐	☐	☐	☐	☐	☐	- nicht aufs Geld bedacht
- weltoffen	☐	☐	☐	☐	☐	☐	☐	- provinziell
- ausländer-freundlich	☐	☐	☐	☐	☐	☐	☐	- ausländerfeind-lich
- politisch interessiert	☐	☐	☐	☐	☐	☐	☐	- politisch des-interessiert
- sympatisch	☐	☐	☐	☐	☐	☐	☐	- unsympathisch

BITTE DEN FRAGEBOGEN WIEDER ZURÜCKGEBEN!

23. Nun geht es um Politik.
Wie stark interessieren Sie sich für Politik? Sagen Sie mir das bitte anhand der folgenden Liste.

LISTE 11

1	2	3	4	5
☐	☐	☐	☐	☐

24. Welches sind für Sie die wichtigsten politischen Probleme? Bitte nennen Sie mir die wichtigsten.

25. Wie zufrieden sind Sie mit der Demokratie in Deutschland insgesamt?

☐ 1 sehr zufrieden

☐ 2 einigermaßen zufrieden

☐ 3 nicht zufrieden

26. Was finden Sie gut daran, wie die Demokratie in Deutschland verwirklicht ist?

27. Und was finden Sie schlecht daran?

28. Ich lese Ihnen gleich einige Behauptungen vor, die Sie beurteilen sollen. Sagen Sie mir bitte anhand der folgenden Liste, ob Sie den einzelnen Aussagen zustimmen bzw. sie ablehnen. +3 bedeutet, daß Sie der Aussage voll und ganz zustimmen, -3 bedeutet, daß Sie der Aussage überhaupt nicht zustimmen. Sie können natürlich auch eine Abstufung dazwischen wählen. Die -0- in der Mitte bedeutet teils-teils.

LISTE 12

	stimme voll und ganz zu			teils-teils			stimme überhaupt	kann mich nicht entscheiden/ weiß nicht
	+3	+2	+1	0	-1	-2	-3	9
A. Manchmal ist die ganze Politik so kompliziert, daß jemand wie ich gar nicht versteht, was vorgeht	☐	☐	☐	☐	☐	☐	☐	☐
B. Wenn die Bürger sich stärker politisch beteiligen, nehmen die Politiker auch mehr Rücksicht auf die Meinung der Bevölkerung	☐	☐	☐	☐	☐	☐	☐	☐
C. Die Abgeordneten und Politiker kümmern sich nicht darum, was der kleine Mann sagt und denkt	☐	☐	☐	☐	☐	☐	☐	☐
D. Es wird immer so sein müssen, daß einige wenige Leute bestimmen, was gemacht wird. Ganz gleich, was die breite Masse denkt	☐	☐	☐	☐	☐	☐	☐	☐
E. Alles in allem kann man darauf vertrauen, daß der Staat das Richtige für die Bürger tut	☐	☐	☐	☐	☐	☐	☐	☐
F. Heutzutage hat es eigentlich gar keinen Sinn mehr, sich an Wahlen zu beteiligen	☐	☐	☐	☐	☐	☐	☐	☐
G. Es genügt, wenn man regelmäßig zur Wahl geht - mehr braucht man eigentlich in einer Demokratie nicht zu tun	☐	☐	☐	☐	☐	☐	☐	☐
H. Leute wie ich haben genug mit ihren persönlichen Angelegenheiten zu tun, um die Politik sollen sich andere kümmern	☐	☐	☐	☐	☐	☐	☐	☐

NUR FÜRS INSTITUT!

1	2	3	4	5	6	7	8	9
☐	☐	☐	☐	☐	☐	☐	☐	☐
☐	☐	☐	☐	☐	☐	☐	☐	☐
☐	☐	☐	☐	☐	☐	☐	☐	☐
☐	☐	☐	☐	☐	☐	☐	☐	☐

-/-

BITTE NICHT ÜBER DIESE LINE SCHREIBEN !!!

BITTE N I C H T ÜBER DIESE LINE SCHREIBEN !!!

29. Inwieweit haben Sie Vertrauen zu den folgenden öffentlichen Institutionen? Bitte sagen Sie mir das anhand der folgenden Liste.
LISTE 13

INT.: bitte vorlesen!

	großes Vertrauen 1	Ver- trauen 2	teil- weise 3	wenig Vertrauen 4	kein Ver- trauen 5
- Bundes- regierung	☐	☐	☐	☐	☐
- Bundestag	☐	☐	☐	☐	☐
- Parteien	☐	☐	☐	☐	☐
- Polizei	☐	☐	☐	☐	☐
- Bundeswehr	☐	☐	☐	☐	☐
- Gerichte	☐	☐	☐	☐	☐
- Verwaltungen (in Ämtern, Behörden)	☐	☐	☐	☐	☐

NUR FÜRS INSTITUT!

1	2	3	4	5	6	7	8	9
☐	☐	☐	☐	☐	☐	☐	☐	☐
☐	☐	☐	☐	☐	☐	☐	☐	☐
☐	☐	☐	☐	☐	☐	☐	☐	☐
☐	☐	☐	☐	☐	☐	☐	☐	☐
☐	☐	☐	☐	☐	☐	☐	☐	☐
☐	☐	☐	☐	☐	☐	☐	☐	☐

30. Ich habe hier Kärtchen mit den Namen von Parteien in Deutschland. Würden Sie bitte die Kärtchen danach ordnen, wie Ihnen die Parteien gefallen. Ganz obenauf liegt dann die Partei, die Ihnen am besten gefällt, als unterstes Kärtchen liegt dann die Partei, die Ihnen am wenigsten gefällt.

INT.: BLAUES KARTENSPIEL vorlegen. Bitte die Parteien der Reihe nach in das Schema unten eintragen!

	CDU/CSU A	SPD B	F.D.P. C	Grüne West D	Bündnis 90/ Grüne Ost E	PDS F
an 1. Stelle	☐	☐	☐	☐	☐	☐
an 2. Stelle	☐	☐	☐	☐	☐	☐
an 3. Stelle	☐	☐	☐	☐	☐	☐
an 4. Stelle	☐	☐	☐	☐	☐	☐
an 5. Stelle	☐	☐	☐	☐	☐	☐
an 6. Stelle	☐	☐	☐	☐	☐	☐

BITTE NICHT ÜBER DIESE LINE SCHREIBEN !!!

31. Was halten Sie - ganz allgemein - von den politischen Parteien in Deutschland? Ich lese Ihnen im folgenden einige mögliche Meinungen vor. + 3 bedeutet wieder, daß Sie der Aussage voll und ganz zustimmen, - 3 bedeutet, daß Sie der Aussage überhaupt nicht zustimmen. Sie können natürlich auch wieder eine Abstufung dazwischen wählen. Die -0- in der Mitte bedeutet wieder teils-teils.

LISTE 12

INT.: bitte vorlesen!

	stimme voll und ganz zu			teils-teils			stimme überhaupt nicht zu	kann mich nicht entscheiden/ weiß nicht
	+3	+2	+1	0	-1	-2	-3	9
Die Parteien sind alles in allem zuverlässig und verantwortungsbewußt	☐	☐	☐	☐	☐	☐	☐	☐
Die Parteien unterscheiden sich wesentlich in ihrer Zielsetzung	☐	☐	☐	☐	☐	☐	☐	☐
Die Parteien vertreten die Bürger insgesamt recht gut	☐	☐	☐	☐	☐	☐	☐	☐
Es müßten noch weitere Parteien zur Wahl stehen	☐	☐	☐	☐	☐	☐	☐	☐
In den Parteien wird ja doch nur gemauschelt	☐	☐	☐	☐	☐	☐	☐	☐
Es gibt keine Partei, die mich richtig vertritt	☐	☐	☐	☐	☐	☐	☐	☐
Die Parteien bieten keine Zukunftsorientierung mehr	☐	☐	☐	☐	☐	☐	☐	☐

32. Man spricht in der Politik immer wieder von rechts und links. Auf der folgenden Liste ist eine Abstufung, die von links über die Mitte nach rechts verläuft. Bitte ordnen Sie sich selbst auf dieser Abstufung bei dem Wert ein, bei dem Sie meinen, daß er auf Sie zutrifft. Je weiter Sie nach rechts gehen, desto mehr rechts sind Sie ausgerichtet.
Je weiter Sie nach links gehen, desto mehr links sind Sie ausgerichtet.
Der Wert -0- bedeutet, daß Sie sich weder nach links noch nach rechts einordnen, sondern in der Mitte. Sagen Sie mir bitte, welcher Wert für Sie persönlich zutrifft.

LISTE 14

links										rechts	weiß nicht/ kann mich nicht entscheiden
-5	-4	-3	-2	-1	0	+1	+2	+3	+4	+5	9
☐	☐	☐	☐	☐	☐	☐	☐	☐	☐	☐	☐

33. Mit wem sprechen Sie am häufigsten über politische Dinge? Sagen Sie mir das bitte anhand dieser Liste. Geben Sie bitte nur eine Antwort.

LISTE 15

1	2	3	4	5	6	7	8	9	10
☐	☐	☐	☐	☐	☐	☐	☐	☐	☐

34. Ich lese Ihnen gleich einige Möglichkeiten vor, mit denen Bürger versuchen können, bestimmte politische Ziele zu erreichen. Würden Sie mir bitte zu jeder Möglichkeit sagen, ob Sie das bereits getan haben, ob Sie das möglicherweise tun würden oder ob das für Sie nicht in Frage kommt. Ihre Antwortmöglichkeiten sind auf dieser Liste aufgeführt.

35. Und jetzt sagen Sie mir bitte noch zu jeder Möglichkeit, ob Sie diese für wirksam oder für nicht wirksam halten, um politische Ziele zu erreichen.

LISTE 16

INT.: ALLE MÖGLICHKEITEN EINZELN VORLESEN UND IM ANTWORTSCHEMA EINTRAGEN!

	FRAGE 34			FRAGE 35	
	habe es bereits getan 1	würde es möglicherweise tun 2	kommt nicht in Frage 3	wirksam 1	nicht wirksam 2
a) Beteiligung an einer Unterschriftensammlung	☐	☐	☐	☐	☐
b) Teilnahme an einer genehmigten politischen Demonstration	☐	☐	☐	☐	☐
c) Besetzung von Straßen, Fabriken, Ämtern und anderen Gebäuden	☐	☐	☐	☐	☐
d) politische Diskussionen führen	☐	☐	☐	☐	☐
e) schreiben/sprühen von Parolen an Mauern und Wände	☐	☐	☐	☐	☐
f) an Wahlen teilnehmen	☐	☐	☐	☐	☐
g) Beschädigung fremden Eigentums, z.B. Fenster einschlagen, Straßenschilder abmontieren usw.	☐	☐	☐	☐	☐
h) in einer Partei aktiv mitarbeiten	☐	☐	☐	☐	☐
i) Beteiligung an spontanen Streiks	☐	☐	☐	☐	☐
k) in einer Bürger- oder Wählerinitiative aktiv mitarbeiten	☐	☐	☐	☐	☐
l) handgreifliche Auseinandersetzungen mit Polizisten oder Demonstranten der Gegenseite	☐	☐	☐	☐	☐
m) Wahlplakate entstellen oder demolieren	☐	☐	☐	☐	☐
n) das politische Geschehen in Presse, Rundfunk und Fernsehen aufmerksam verfolgen	☐	☐	☐	☐	☐
o) Freunde und Bekannte für die eigenen politischen Ansichten zu gewinnen versuchen	☐	☐	☐	☐	☐
p) durch Tragen von Plaketten oder Autoaufklebern meine politische Meinung zeigen	☐	☐	☐	☐	☐

-10-

BITTE NICHT ÜBER DIESE LINE SCHREIBEN !!!

BITTE NICHT ÜBER DIESE LINE SCHREIBEN !!!

36. Ich habe hier einige Kärtchen über Dinge, die einem in der Gesellschaft wichtig sein können. Bitte ordnen Sie diese Kärtchen einmal danach, wie wichtig Ihnen diese Dinge persönlich sind. Das heißt, was für Sie am allerwichtigsten ist, liegt ganz oben, das zweitwichtigste darunter usw.

INT.: WEISSES KARTENSPIEL ÜBERGEBEN, Rangfolgen legen lassen und Buchstaben markieren!

	A	B	C	D
1. Stelle	☐	☐	☐	☐
2. Stelle	☐	☐	☐	☐
3. Stelle	☐	☐	☐	☐
4. Stelle	☐	☐	☐	☐

37. Gleich lese ich Ihnen einige Aussagen junger Leute zu unterschiedlichen Lebensbereichen vor. Sagen Sie mir bitte anhand von Liste 12, ob Sie den Aussagen zustimmen oder diese ablehnen. Sie können wieder wählen zwischen +3 "stimme voll und ganz zu" und -3 "stimme überhaupt nicht zu", Sie können aber auch dazwischen abstufen. Die -0- bedeutet "teils-teils".
LISTE 12

INT.: ALLE AUSSAGEN EINZELNEN VORLESEN!

	stimme voll u. ganz zu +3	+2	+1	teils-teils 0	-1	-2	stimme überhaupt nicht zu -3
a) für mich gehören Leistung und Erfolg zum Leben dazu	☐	☐	☐	☐	☐	☐	☐
b) ich fürchte, daß der technische Fortschritt unser Leben zerstört	☐	☐	☐	☐	☐	☐	☐

(Fortsetzung Fr. 37 rechte Seite)

(Fr. 37)

	stimme voll u. ganz zu +3	+2	+1	teils-teils 0	-1	-2	stimme überhaupt nicht zu -3
c) ich möchte beruflich Karriere machen	☐	☐	☐	☐	☐	☐	☐
d) wer heute noch Kinder in die Welt setzt, handelt verantwortungslos	☐	☐	☐	☐	☐	☐	☐
e) der technische Fortschritt garantiert uns allen einen hohen Lebensstandard	☐	☐	☐	☐	☐	☐	☐
f) ich werde versuchen, mich dem Leistungsdruck zu entziehen, weil ich ihn entschieden ablehne	☐	☐	☐	☐	☐	☐	☐
g) ich möchte Kinder haben und ein glückliches Familienleben führen	☐	☐	☐	☐	☐	☐	☐
h) ich finde, daß mein Leben eigentlich keinen Sinn hat	☐	☐	☐	☐	☐	☐	☐
i) wir sollten keine Angst vor d. Zukunft haben, die meisten Probleme lassen sich lösen	☐	☐	☐	☐	☐	☐	☐
k) ich möchte ganz anders leben als meine Eltern gelebt haben	☐	☐	☐	☐	☐	☐	☐
l) mein eigenes Lebensglück ist mir wichtiger, als mich dauernd mit den Problemen dieser Welt zu beschäftigen	☐	☐	☐	☐	☐	☐	☐
m) ich möchte mit meinem Freund/Partner/meiner Freundin/Partnerin glücklich zusammenleben	☐	☐	☐	☐	☐	☐	☐
n) für mich ist Treue in der Partnerschaft besonders wichtig	☐	☐	☐	☐	☐	☐	☐

38. Noch einmal ein paar Fragen zur Politik.
Was halten Sie allgemein von der Idee des Sozialismus? Bitte sagen Sie es mir anhand der Liste 17. "1" bedeutet: halte sehr viel davon, "5" bedeutet: halte nichts davon. Mit den Werten dazwischen können Sie Ihr Urteil abstufen.

LISTE 17

1	2	3	4	5
☐	☐	☐	☐	☐

39. Die Einheit Deutschlands ist nun erreicht. Dazu lese ich Ihnen gleich einige Aussagen vor und Sie sagen mir bitte, welche Meinung Sie persönlich dazu haben. Sagen Sie es mir bitte anhand der Liste 18.

LISTE 18

	sehr stark 1	stark 2	teils-teils 3	kaum 4	überhaupt nicht 5
a) ich freue mich darüber, daß die Einheit hergestellt ist	☐	☐	☐	☐	☐
b) ich möchte persönlich etwas dafür tun, daß Deutschland schnell zusammenwächst	☐	☐	☐	☐	☐
c) die Einheit Deutschland interessiert mich nicht	☐	☐	☐	☐	☐
d) ich habe Angst vor den wirtschaftlichen Folgen der Einheit Deutschlands	☐	☐	☐	☐	☐
e) ich befürchte, daß Vertreter des ehemaligen SED-Regimes in Staat und Wirtschaft immer noch in wichtigen Positionen sind.	☐	☐	☐	☐	☐
f) ich habe Angst, daß die Stasi der ehemaligen DDR immer noch Einfluß hat	☐	☐	☐	☐	☐

40. Worin sehen Sie die Ursache für den Zusammenbruch des Sozialismus in der ehemaligen DDR? Ist:

☐ 1 das sozialistische System grundsätzlich zum Scheitern verurteilt

oder

☐ 2 waren die Politiker unfähig, die in der ehemaligen DDR an der Macht waren?

41. Man kann sich mehr oder weniger als Deutscher fühlen. Wie ist das bei Ihnen? Fühlen Sie sich als Deutscher? Antworten Sie anhand dieser Liste.

LISTE 19

1	2	3	4
☐	☐	☐	☐

LISTE 19 verbleibt beim Befragten!

42. Und wieweit fühlen Sie sich als Europäer? Bitte sagen Sie es mir anhand der Liste.
LISTE 19

1	2	3	4
☐	☐	☐	☐

-12-

BITTE NICHT ÜBER DIESE LINE SCHREIBEN !!!

43. Wie stehen Sie persönlich zu den folgenden Aussagen: Die Frau sollte den Beruf aufgeben, wenn in der Familie Kinder zu betreuen sind. Stimmen Sie

☐ 1 zu

☐ 2 teilweise zu oder

☐ 3 nicht zu?

44. Frauen sollten in der Politik an entscheidender Stelle mehr zu sagen haben. Stimmen Sie

☐ 1 zu

☐ 2 teilweise zu oder

☐ 3 nicht zu?

45. Welche Bedeutung hat für Sie die eigene Familie gegenüber Ihrem Beruf? Wird ...

☐ 1 Ihre eigene Familie wichtiger sein als der Beruf?

☐ 2 wird sie gleich wichtig sein wie der Beruf?

☐ 3 wird sie weniger wichtig sein als der Beruf?

46. Wie sehen Sie Ihre persönliche Zukunft? Bitte sagen Sie mir das anhand der folgenden Liste.

LISTE 20

1	2	3	4
☐	☐	☐	☐

INT.: Alte Bundesländer ⟶ Fr. 51

47. Werden Sie weiterhin in einem der ostdeutschen Bundesländer leben? Bitte anhand der Liste 21 beantworten.
LISTE 21

1	2	3	4
☐	☐	☐	☐

48. Es gibt Bürger, die in einem der neuen Bundesländer wohnen, aber zeitweise oder auch auf Dauer in einem der alten Bundesländer arbeiten. Trifft das für Sie zu?

☐ 1 ja

☐ 2 nein, aber ich habe das vor

☐ 3 nein, habe das auch nicht vor

49. Das Leben der Jugendlichen im Osten Deutschlands hat sich seit der Vereinigung verändert. Welche dieser Veränderungen empfinden Sie für sich persönlich als besonders wertvoll?

50. Und welche dieser Veränderungen macht Ihnen persönlich zu schaffen? Womit kommen Sie nicht zurecht?

NUR FÜRS INSTITUT!

1	2	3	4	5	6	7	8	9
☐	☐	☐	☐	☐	☐	☐	☐	☐
☐	☐	☐	☐	☐	☐	☐	☐	☐
☐	☐	☐	☐	☐	☐	☐	☐	☐
☐	☐	☐	☐	☐	☐	☐	☐	☐
☐	☐	☐	☐	☐	☐	☐	☐	☐
☐	☐	☐	☐	☐	☐	☐	☐	☐

INT.: Die folgenden Fragen gelten wieder für alle Jugendlichen!

BITTE NICHT ÜBER DIESE LINE SCHREIBEN !!!

51. Geschlecht des Befragten:

☐ 1 männlich
☐ 2 weiblich

52. Ihr Alter?

└─┴─┘ Jahre

1 ☐☐
2 ☐☐
3 ☐☐
4 ☐☐
5 ☐☐
6 ☐☐
7 ☐☐
8 ☐☐
9 ☐☐
0 ☐☐

53. Wie ist Ihr Familienstand? Bitte sagen Sie mir das anhand der Liste 22.

LISTE 22

1	2	3	4	5
☐	☐	☐	☐	☐

54. Haben Sie Kinder?

☐ 1 ja
☐ 2 nein

55. Sind Sie gegenwärtig noch in einer Ausbildung (Schule, Berufsausbildung, Studium) oder haben Sie diese bereits abgeschlossen?

☐ 1 noch in der Ausbildung (Schule, Berufsausbildung, Studium) ——→ 56
☐ 2 Ausbildung bereits abgeschlossen ——→ 60

56. Welche Bildungseinrichtung besuchen Sie zur Zeit? Sagen Sie mir das bitte anhand von Liste 23.
LISTE 23

1	2	3	4	5	6
☐	☐	☐	☐	☐	☐

57. NUR SCHÜLER: welche Klassenstufe besuchen Sie?

INT.: direkt in das Doppelkästchen eintragen!
(Beispiel: Klasse 9 = 09

└─┴─┘ Klasse

1 ☐☐
2 ☐☐
3 ☐☐
4 ☐☐
5 ☐☐
6 ☐☐
7 ☐☐
8 ☐☐
9 ☐☐
0 ☐☐
——→ 62

BITTE N I C H T ÜBER DIESE LINE SCHREIBEN !!!

58. NUR STUDENTEN: in welchem Semester sind Sie?

INT.: direkt in das Doppelkästchen eintragen!
(Beispiel: 5. Semester = 05)

Semester

1 ☐☐
2 ☐☐
3 ☐☐
4 ☐☐
5 ☐☐
6 ☐☐
7 ☐☐
8 ☐☐
9 ☐☐
0 ☐☐

→ weiter mit Frage 62

59. Was ist Ihr zuletzt erreichter (höchster) Bildungsabschluß? Bitte anhand der Liste 24 beantworten.
LISTE 24

1 2 3 4 5

60. NUR BERUFSTÄTIGE: Ihre höchste bisher erreichte berufliche Qualifikation? Bitte anhand von Liste 25 beantworten.

LISTE 25

1 2 3 4 5

61. NUR BERUFSTÄTIGE: In welcher Weise sind Sie beschäftigt?

☐ 1 vollzeitbeschäftigt

☐ 2 teilzeitbeschäftigt (nicht Kurzarbeit)

☐ 3 zur Zeit Kurzarbeit

62. Zu welcher Berufsgruppe gehört Ihr Vater? oder hat er zuletzt gehört? Sagen Sie mir das bitte anhand von Liste 26.
LISTE 26

1 2 3 4 5 6 7 8 9

10 11

63. Und zu welcher Berufsgruppe gehört Ihre Mutter oder hat sie zuletzt gehört? Es gilt wieder dieselbe Liste.

LISTE 26

1 2 3 4 5 6 7 8 9

10 11

64. Wo wohnen Sie zur Zeit? Ihre Antwort geben Sie mir bitte anhand der Liste 27.

LISTE 27

1 2 3 4 5 6 7 8 9

☐ 10

65. Haben Sie Geschwister?

☐ 1 ja

☐ 2 nein

BITTE NICHT ÜBER DIESE LINE SCHREIBEN !!!

-15-

66. Würden Sie mir bitte sagen, welcher Konfession Sie angehören?

- [ ] 1 evangelisch → 67
- [ ] 2 katholisch → 67
- [ ] 3 anderer → 67
- [ ] 4 keiner/Atheist → 68

67. Fühlen Sie sich der Kirche stark verbunden, etwas verbunden oder überhaupt nicht verbunden?

- [ ] 1 stark verbunden
- [ ] 2 etwas verbunden
- [ ] 3 überhaupt nicht verbunden

68. Haben Sie selbst freundschaftliche Beziehungen zu jungen Leuten im anderen Teil Deutschlands?

- [ ] 1 ja
- [ ] 2 nein, aber ich bemühe mich darum
- [ ] 3 nein, ich bemühe mich auch nicht darum

69. Eine Ergänzung zu den personellen Angaben. Gehören Sie einer politischen Jugendorganisation an?

- [ ] 1 ja → 70
- [ ] 2 nein → 71

70. Und wie heißt diese Jugendorganisation?

NUR FÜRS INSTITUT!

1	2	3	4	5	6	7	8	9

VOM INTERVIEWER AUSZUFÜLLEN:

71. Bundesland:

- [ ] 1 Schleswig-Holstein
- [ ] 2 Hamburg
- [ ] 3 Niedersachsen
- [ ] 4 Bremen
- [ ] 5 Nordrhein-Westfalen
- [ ] 6 Hessen
- [ ] 7 Rheinland-Pfalz
- [ ] 8 Baden-Württemberg
- [ ] 9 Bayern
- [ ] 10 Saarland
- [ ] 11 Berlin (West)
- [ ] 12 Berlin (Ost)
- [ ] 13 Mecklenburg-Vorpommern
- [ ] 14 Brandenburg
- [ ] 15 Sachsen-Anhalt
- [ ] 16 Sachsen
- [ ] 17 Thüringen

BITTE NICHT ÜBER DIESE LINE SCHREIBEN !!!

72. Anzahl der Einwohner des Wohnortes:

☐ 1 unter 2.000 Einwohner
☐ 2 bis 10.000 Einwohner
☐ 3 bis 50.000 Einwohner
☐ 4 bis 100.000 Einwohner
☐ 5 über 100.000 Einwohner

73. Wie folgte der/die Befragte dem Interview?

☐ 1 sehr interessiert
☐ 2 interessiert
☐ 3 mit Ungeduld/wollte abbrechen

74. Dauer des Interviews?

|_|_|_| Minuten

1 ☐☐☐
2 ☐☐☐
3 ☐☐☐
4 ☐☐☐
5 ☐☐☐
6 ☐☐☐
7 ☐☐☐
8 ☐☐☐
9 ☐☐☐
0 ☐☐☐

75. Dieses Interview wurde durchgeführt am:

....

(Datum)

Ich, der Unterzeichner, versichere, daß ich das Interview entsprechend den Anweisungen des Instituts durchgeführt habe.

Gerichtsstand ist der Sitz des Instituts.

....

(Unterschrift)

-17-

BITTE NICHT ÜBER DIESE LINE SCHREIBEN !!!

1 gehe noch zur Schule

2 befinde mich im Studium an einer Universität/Hochschule/Fachschule/Fachhochschule

3 suche noch einen Ausbildungsplatz/Studienplatz

4 stehe in einer Berufsausbildung

5 bin bereits berufstätig

6 bin zur Zeit arbeitslos (keine Kurzarbeit)

7 bin zur Zeit bei der Bundeswehr/leiste Zivildienst

8 bin Hausfrau/Hausmann und nicht berufstätig

LISTE 1
zu Frage 1

1 gute Verdienstmöglichkeiten

2 humane/menschliche Arbeitsbedingungen

3 etwas für andere Menschen tun

4 sicherer Arbeitsplatz

5 Selbständigkeit

6 eine mich persönlich beriedigende Aufgabe

7 im Leben vorwärtskommen

8 die Wünsche meiner Eltern berücksichtigen

9 von meinen Freunden anerkannt werden

LISTE 2
zu Frage 4 und 6

1 finde ich gut und mache selbst mit

2 finde ich gut, mache aber selbst nicht mit

3 habe Verständnis dafür, mache aber selbst nicht mit

4 lehne ich ab

5 kenne ich nicht

LISTE 3
zu Frage 7

1 Eltern bzw. Vater oder Mutter

2 Geschwister

3 andere Verwandte

4 Bekannte/Clique

5 Freund

6 Freundin

7 Schulkamerad/Arbeitskollege, Studienkollege/Kommilitone

8 Lehrer/Vorgesetzter

9 Pfarrer

10 niemand

LISTE 4
zu Frage 8

1 sehr große Bedeutung

2 große Bedeutung

3 mittlere Bedeutung

4 geringe Bedeutung

5 überhaupt keine Bedeutung

LISTE 5
zu Frage 10

1 zufrieden

2 einigermaßen zufrieden

3 teils-teils

4 eher unzufrieden

5 unzufrieden

LISTE 6
zu Frage 11

1 meistens

2 manchmal

3 selten

4 nie

LISTE 7
zu Frage 13

1 sehr gut

2 gut

3 teils-teils

4 schlecht

5 sehr schlecht

LISTE 8
zu Frage 14 und 15

1 wesentlich besser

2 etwas besser

3 gleichbleibend

4 etwas schlechter

5 wesentlich schlechter

LISTE 9
zu Frage 16 und 17

1 uneingeschränkt

2 im wesentlichen

3 teils-teils

4 kaum

5 überhaupt nicht

LISTE 10
zu Frage 19

1 sehr stark

2 stark

3 mittel

4 kaum

5 überhaupt nicht

LISTE 11
zu Frage 23

stimme voll und ganz zu	teils-teils	stimme überhaupt nicht zu

+3 +2 +1 0 -1 -2 -3

LISTE 12
zu Frage 28, 31, 37

1 großes Vertrauen

2 Vertrauen

3 teilweise

4 wenig Vertrauen

5 kein Vertrauen

LISTE 13
zu Frage 29

links										rechts
-5	-4	-3	-2	-1	0	+1	+2	+3	+4	+5

LISTE 14
zu Frage 32

1 Eltern bzw. Vater oder Mutter

2 Geschwister

3 andere Verwandte

4 Bekannte/Clique

5 Freund

6 Freundin

7 Schulkamerad/Arbeitskollege, Studienkollege/Kommilitone

8 Lehrer/Vorgesetzter

9 Pfarrer

10 niemand

LISTE 15
zu Frage 33

1 habe es bereits getan

2 würde es möglicherweise tun

3 kommt nicht in Frage

LISTE 16
zu Frage 34

1 halte viel davon

2

3

4

5 halte nichts davon

LISTE 17
zu Frage 38

1 sehr stark

2 stark

3 teils-teils

4 kaum

5 überhaupt nicht

LISTE 18
zu Frage 39

1 ja, vollkommen

2 ja, etwas schon

3 nein, eigentlich nicht

4 nein, absolut nicht

LISTE 19
zu Frage 41 und 42

1 optimistisch

2 eher optimistisch als pessimistisch

4 pessimistisch

LISTE 20
zu Frage 46

1 ich bleibe auf jeden Fall hier

2 ich werde wahrscheinlich hierbleiben

3 ich werde wahrscheinlich in eines der alten Bundesländer übersiedeln

4 ich werde auf jeden Fall in eines der alten Bundesländer übersiedeln

LISTE 21
zu Frage 47

1 ohne festen Partner/
Partnerin

2 mit festem Partner/
Partnerin, aber nicht
zusammenlebend

3 nicht verheiratet, aber
mit festem Partner/Part-
nerin zusammenlebend
(Lebensgemeinschaft)

4 verheiratet

5 verwitwet/geschieden

LISTE 22
zu Frage 53

1 Sonderschule

2 Hauptschule (einschl. 10. Schuljahr)/POS

3 Realschule

4 Berufsschule/Berufsfachschule/Fachschule/betriebliche Ausbildung (Lehre)

5 Gymnasium/EOS

6 Universität/Hochschule/Fachochschule

LISTE 23
zu Frage 56

1 Sonderschule/Hauptschule ohne Abschluß/POS ohne Abschluß

2 Hauptschule mit Abschluß/POS mit Abschluß

3 Realschulabschluß

4 Abitur/Fachschulabschluß

5 Studienabschluß an Universität/Hochschule/Fachhochschule

LISTE 24
zu Frage 59

1 ohne abgeschossene berufliche Qualifikation

2 Teilfacharbeiter/kaufmännische Hilfskraft

3 Facharbeiter/Fachangestellter

4 Meister/Handwerksmeister/Industriemeister

5 Abschluß einer Universität/Hochschule/Fachhochschule

LISTE 25
zu Frage 60

1 Erwerbstätige ohne abgeschlossene Qualifikation/Teilfacharbeiter/in/ kaufmännische Hilfskraft

2 Facharbeiter/in

3 Fachangestellte (z.B. Bürokaufmann/ frau)

4 leitende Angestellte

5 Beamte/in: bis mittlerer Dienst

6 Bemate/in: ab gehobenen Dienst (z.B. Inspektor/in)

7 Freie Berufe (z.B. Arzt/Ärztin, Rechtsanwalt)

8 Landwirt/Bauer

9 Selbständige (z.B. Handwerker, Geschäftsmann/frau)

10 Hausmann/Hausfrau, nicht berufstätig

11 sonstige

LISTE 26
zu Frage 62 und 63

1 bei den Eltern

2 bei Vater

3 bei Mutter

4 mit Freund/Freundin

5 mit Ehepartner/in

6 in einer Wohngemeinschaft

7 bei den Großeltern/bei den Verwandten

8 in einem Wohnheim/Internat

9 allein

10 unter anderen Bedingungen

LISTE 27
zu Frage 64

Daß Sie in einer Gesellschaft leben, die offen ist für neue Ideen und geistigen Wandel

A

Daß Sie in einer Gesellschaft leben, in der die Bürger an allen Entscheidungen beteiligt sind

B

Daß Sie in einer Gesellschaft leben, in der man es durch Leistung zu etwas bringen kann

C

Daß Sie in einer Gesellschaft leben, in der Recht und Gesetz geachtet wird

D

Weißes Kartenspiel zu Frage 36

Die Autoren

Hans-Joachim Veen, geb. 1944; Dr.phil., M.A., Studium der politischen Wissenschaft, des öffentlichen Rechts und der Geschichte an den Universitäten Hamburg und Freiburg i.Br.; 1975/76 wissenschaftlicher Assistent an der Universität Freiburg; 1978 stellvertr. Leiter, seit 1983 Leiter des Forschungsinstituts der Konrad-Adenauer-Stiftung in Sankt Augustin bei Bonn. Seit 1992 Leiter des Bereichs Forschung und Beratung und Mitglied der Geschäftsleitung der Stiftung. Lehrbeauftragter an der Universität Mainz.
Wichtige Buchveröffentlichungen:
Opposition im Bundestag. Ihre Funktionen, institutionellen Handlungsbedingungen und das Verhalten der CDU/CSU-Fraktion in der 6. Wahlperiode 1969-1972, Schriftenreihe der Bundeszentrale für politische Bildung, Band 113, Bonn 1976; (zus. mit Walter Jaide) Bilanz der Jugendforschung. Ergebnisse empirischer Analysen in der Bundesrepublik Deutschland 1975-1987, Studien zur Politik, Band 13. Paderborn 1989; (Hrsg., zus. mit Elisabeth Noelle-Neumann) Wählerverhalten im Wandel. Bestimmungsgründe und politisch-kulturelle Trends am Beispiel der Bundestagswahl 1987, Studien zur Politik, Band 16. Paderborn 1991; (zus. mit Jürgen Hoffmann) Die Grünen zu Beginn der neunziger Jahre. Profil und Defizite einer fast etablierten Partei. Bonn 1992; (zus. mit Norbert Lepszy und Peter Mnich) The Republikaner Party in Germany. Right-Wing Menace or Protest Catchall? Center for Strategic and International Studies, Washington, D.C. 1993.
Zahlreiche Beiträge zur deutschen und internationalen Parteienforschung, zur empirischen Wahl- und zur Jugendforschung in der Bundesrepublik.

Walter Jaide, geboren 1911 in Berlin; Studium der Evangelischen Theologie, Wirtschaftswissenschaften, Psychologie und Ethnologie an der Universität Berlin. 1937 Promotion ebendort; seit 1947 tätig in der Lehrerbildung des Landes Niedersachsen; seit 1958 Professor an der Pädagogischen Hochschule Hannover bzw. Universität Hannover; 1967-1991Leiter der Forschungsstelle für Jugendfragen Hannover.
Buchveröffentlichungen: Die junge Arbeiterin (mit Wurzbacher u.a.), München 1958; Die Berufswahl, München 1961; Eine neue Generation?, München 1961; Das Verhältnis der Jugend zur Politik, Neuwied 1963; Die jungen Staatsbürger, München 1965; Leitbilder heutiger Jugend, Neuwied 1968; Junge Arbeiterinnen, München 1969; Jugend und Demokratie, München 1970; Jugend im doppelten Deutschland (hrsg. mit Barbara Hille), Opladen 1977; Achtzehnjährige zwischen Reaktion und Rebellion, Opladen 1978; Jugend im Bildungsurlaub, Stuttgart 1979; Junge Hausfrauen im Fernsehen, Opladen 1980; Wertewandel, Opladen 1983; Generationen eines Jahrhunderts. Wechsel der Jugendgenerationen im Jahrhunderttrend. Zur Sozialgeschichte der Jugend in Deutschland 1871-1985 Opladen 1988; Bilanz der Jugendforschung (mit Hans-Joachim Veen), Paderborn 1989;

DDR-Jugend (mit Barbara Hille), Opladen 1990; Jugend und Sport in den neuen Bundesländern (mit Barbara Hille), Opladen 1992.
Viele Beiträge zu wissenchaftlichen Handbüchern und Fachzeitschriften sowie in Organen der Erwachsenenbildung. Gutachten für verschiedene Bundesministerien (z.B. zur Herabsetzung des Volljährigkeitsalters 1973), für die Bundesanstalt für Arbeit sowie für die Kommission der Europäischen Gemeinschaften. Mitglied des P.E.N. Germany

Barbara Hille, Dr.rer.nat.; Diplom-Psychologin; geb. 1940; 1970-1991 stellvertretende Leiterin und Geschäftsführerin der Forschungsstelle für Jugendfragen in Hannover; seit 1991 Leiterin des Arbeitsbereiches Familie, Jugend, Soziale Dienste im Institut für Entwicklungsplanung und Strukturforschung an der Universität Hannover.
Zahlreiche Forschungsprojekte, Expertisen, Gutachten und Veröffentlichungen zur Jugendforschung, Familiensoziologie, Frauenforschung, Entwicklungspsychologie; Spezialthemen: Kinder und Jugendliche in beiden deutschen Staaten; Beratung und Aufbau familien- und jugendpolitischer Strukturen und Initiativen auf kommunaler Ebene, speziell in den neuen Bundesländern.
Wichtige Buchveröffentlichungen: Berufs- und Lebenspläne sechzehnjähriger Schülerinnen. Frankfurt/M./Bern 1976; Jugend im doppelten Deutschland (Hrsg. mit Walter Jaide), Opladen 1977; Kindergesellschaft? Wie unsere Kinder aufwachsen. 2. Auflage. Köln 1982; Die Situation von Frauenhäusern und hilfesuchenden Frauen (mit Walter Jaide). Hannover 1984; Familienleitbilder im Wandel. Materialien zum Siebten Jugendbericht, Band 3 (mit M. Hermanns), München: 1987; DDR-Jugend. Politisches Bewußtsein und Lebensalltag. Vergleiche mit der Bundesrepublik (Hrsg. mit Walter Jaide), Opladen 1990; Nicht nur Blauhemden. Die Situation der Jugendlichen in der ehemaligen DDR. Deutschland Report 13. Melle 1991; Jugend und Sport in den neuen Bundesländern (Hrsg. mit Walter Jaide), Opladen 1992

Walter Friedrich

Geboren 1929 in Niederschlesien; 1956 Diplom am Institut für Psychologie der Universität Leipzig, dort 1962 Promotion, 1964 Habilitation; 1966 bis 1990 Leiter des Zentralinstituts für Jugendforschung Leipzig. Professur 1968.
Buchveröffentlichungen: Jugend heute, Berlin (O) 1966; Der sozialwissenschaftliche Forschungsprozeß, Berlin (O) 1975; Jugend und Jugendforschung, Berlin (O) 1976; Zur Psychologie der 12- bis 22jährigen (Hrsg. mit H. Müller), Berlin (O) 1980; Zwillingsforschung international (Hrsg. mit O. Kabat vel Job), Berlin (O) 1986; Sozialpsychologie für die Praxis (Hrsg. mit P. Voß), Berlin (O) 1988; Jugend und Jugendforschung (Hrsg. mit H. Griese), Opladen 1991; Jugend Ost – zwischen Hoffnung und Gewalt (mit P. Förster, H. Müller, W. Schubarth), Opladen 1993

Peter Förster

Geboren 1932 in Leipzig; ab 1953 Tätigkeit als Lehrer. 1959 bis 1965 wissenschaftlicher Assistent/Oberassistent am Institut für Pädagogik der Universität

Leipzig. 1964 Promotion; 1966 bis 1990 Zentralinstitut für Jugendforschung Leipzig; 1971 Habilitation; 1983 Honorarprofessur an der Pädagogischen Hochschule Zwickau.
Buchveröffentlichungen: DDR zwischen Wende und Wahl. Meinungsforscher analysieren den Umbruch (mit G. Roski), Berlin 1990; Jugendliche in Sachsen auf dem Weg in das vereinte Deutschland. Dokumentation einer Intervallstudie 1987 bis 1992, Leipzig 1992; Jugend Ost – zwischen Hoffnung und Gewalt (mit W. Friedrich, H. Müller, W. Schubarth), Opladen 1993